Wichtige Abschnitte der städtebaulichen Entwicklung.
Beschreibung der architektonisch und denkmalpflegerisch bedeutenden Gebäude
anhand vergleichbarer Kriterien.
Unterscheidung nach Wert und Bedeutung.
Alle Bauepochen, vom Mittelalter bis in die heutige Zeit.
Erklärung von Fachausdrücken
Register, Literatur, Quellen
497 Gebäudebeschreibungen
147 Schwarzweißfotos
133 Bauzeichnungen: Pläne, Grundrisse, Ansichten, Isometrien, Schnitte
8 Farbkarten und 10 Pläne.

Der Verlag widmet dieses Buch dem Braunschweiger Bürger
Dr. Artur Wiswedel.
Er gelobte 1945 in den Trümmern seiner Heimatstadt,
sie wieder mitaufzubauen –
was er seither auch tat!

Ein Buch aus Braunschweig, der Stadt Heinrichs des Löwen.

Die Autoren
Dipl.-Ing. Architekt *Ulrich H. Mey*
(Einführung, Gebäudebeschreibungen, Fachausdrücke z.T.)
Dipl.-Ing. Architekt *Christian Streibel*
(Stadtentwicklung, Fachausdrücke z.T.)
Beide: Öko-Bauhütte, Autorstr. 6, 3300 Braunschweig

CIP-Kurztitelaufnahme der Deutschen Bibliothek
Mey, Ulrich H.:
Braunschweig, Architekturführer: Stadtentwicklung u. Architektur / Ulrich H. Mey u.
Christian Streibel. – Braunschweig: Höller und Zwick, 1986.
ISBN 3-89057-006-2
NE: Streibel, Christian:; HST

Mai 1986
© Verlags-GmbH Höller und Zwick, Braunschweig
Lektorat und Herstellung: Verlagsbüro Höller
Satz: Hagedorn GmbH, Braunschweig; Druck: Brinks Druck Braunschweig.
Bindung:
ISBN 3-89057-**006**-2

BRAUNSCHWEIG
Architekturführer

Stadtentwicklung und Gebäudebeschreibungen

Ulrich H. Mey und **Christian Streibel**

Verlags-GmbH Höller und Zwick

Inhalt

Seite/Spalte

Einführung 3
Gliederung 4

Stadtentwicklung 5
Erste Besiedlung bis heutige Zeit ... 5
Acht Karten 9
Siedlungen seit dem I. Weltkrieg 17

Gebäudebeschreibungen 22
Innenstadt – Mittelalter 22
Innenstadt – Renaissance, Barock ... 55
Innenstadt – Klassizismus,
    Historismus 76
Innenstadt – Moderne 126
Ringgebiet – Mittelalter 149
Ringgebiet – Renaissance, Barock ... 150
Ringgebiet – Klassizismus,
    Historismus 152
Ringgebiet – Moderne 161
Außenbezirke 205
Geitelde, Broitzem, Weststadt 205
Lehndorf, Kanzlerfeld 208
Watenbüttel 211
Ölper 213
Siegfriedviertel 214
Schwarzer Berg 215
Schuntersiedlung 216
Veltenhof, Rühme 217
Harxbüttel, Wenden, Waggum 221
Querum 222
Gliesmarode 224
Riddagshausen 226
Mascherode, Rautheim 229
Heidberg 230
Melverode 231
Stöckheim 233

Fachbegriffe 234
Literatur 238
Quellen 241
Register 243
Orientierungskarten 246

Einführung

Der „Architekturführer" will deutlich machen, daß Braunschweig noch (und wieder) über weit mehr wichtige und erhaltenswerte Gebäude verfügt, als die wenigen verbliebenen sog. „Traditionsinseln" vermuten lassen.
Nur diese Reste der geschichtlichen Identität schien der (größtenteils unsensibele) Wiederaufbau noch zu gestatten. Nach den Zerstörungen durch Krieg und durch Planung in den ersten Jahrzehnten danach erwuchs ein Meer qualitätsarmer Neubauten, aus dem nur die „Traditionsinseln" herauszuragen schienen, der Rest an bedeutender Architektur drohte durch Nichtbeachtung unterzugehen.

Die Information über die stadtbau- und architekturgeschichtliche Entwicklung Braunschweigs will dieser Führer auch nutzen, um bei einem möglichst breiten Kreis ein Gefühl für diese Stadt zu entwickeln bzw. zu vertiefen.
Dieses Gefühl für die baulichen Traditionen, die auch dieser Stadt ihren ganz individuellen Charakter verliehen haben, schien nach 1945 verloren gegangen zu sein. Braunschweig unterscheidet sich heute auf den ersten Blick nur noch wenig von anderen westdeutschen Großstädten.

Bis zu Beginn der vierziger Jahre, als die Zerstörungen des II. Weltkrieges auch diese Stadt trafen, stellten Braunschweigs Stadtgrundriß und -gestalt innerhalb der deutschen Städte noch einen außerordentlich hohen Rang dar. Das Stadtbild war im wesentlichen durch Homogenität geprägt. Eine Vielzahl qualitätvoller Bauwerke war in das Stadtgefüge nahtlos eingebunden – worin zum großen Teil auch deren Bedeutung mit begründet lag.
Die in Jahrhunderten gewachsene Bautradition hatte Bahnen abgesteckt, auf denen nur sich hätten Stadterneuerung und Stadtentwicklung bewegen dürfen. Dies ist aber in Braunschweig nach dem Krieg (wie auch anderswo) nicht geschehen. Weitere städteplanerische und gestalterische Fehlentwicklungen abzuwenden, dazu möchte dieses Buch beitragen.

Ergänzt durch eine stadtbaugeschichtliche Einführung deckt es für Braunschweig zum ersten Mal das gesamte Spektrum der architektonisch und/oder denkmalpflegerisch bedeutenden Bauwerke vom Mittelalter bis in die heutige Zeit ab. Es werden sämtliche noch existierenden Bauten aufgeführt, über die in den führenden Architektur-Zeitschriften seit 1789 ausführlich berichtet bzw. über die in anderer wichtiger Literatur veröffentlicht wurde. Hinzu kommen die Baudenkmale und schutzwürdigen Bauwerke der seit Inkrafttreten des Niedersächsischen Denkmalschutzgesetzes 1979 nicht mehr gültigen Denkmalsatzung der Stadt Braunschweig von 1964. Von den in der Denkmalsatzung aufgeführten 320 Bauwerken sind etliche inzwischen bereits abgerissen worden.

Jede Auswahl und Beschreibung ist auch subjektiv. Verlag und Autoren bitten daher um Anregungen und Kritik, die sich in einer Folgeauflage berücksichtigen lassen.

Gliederung

Die Gebäudebeschreibungen beziehen sich nur auf Hochbauten, auf die innere Ausstattung oder Einrichtung kann nicht eingegangen werden. Die Bauwerke wurden räumlich, zeitlich und nach Gebäudetypen eingeteilt und entsprechend ihrem Wert und ihrer Bedeutung nach unterschiedlich ausführlich behandelt.

Das Stadtgebiet ist in drei Bereiche eingeteilt:
- Innenstadt (identisch mit der Ausdehnung der klassizistischen Stadt, also in etwa dem Bereich innerhalb des Oker-Umflutgrabens),
- Ringgebiet (in etwa identisch mit der Ausdehnung Braunschweigs bis zum II. Weltkrieg, also dem Gebiet zwischen Oker-Umflutgraben und dem geplanten bzw. bereits ausgeführten Autobahn-Tangenten-Quadrat),
- Außenbereiche (das restliche Stadtgebiet bis zur Stadtgrenze).

Die zeitliche Einteilung faßt folgende Bauepochen zusammen:
- Mittelalter (Romanik/Gotik bis etwa 1530),
- Renaissance/Barock (bis etwa 1790),
- Klassizismus/Historismus (bis etwa 1910),
- Moderne (bis heute).

Die Bauepochen dauern in z. T. mehrere Jahrzehnte währenden Überschneidungsphasen an, in denen beide Epochen stilbildend wirkten.

Die beschriebenen Gebäude sind in die Bauepoche eingeordnet, aus der ihr äußeres Erscheinungsbild überwiegend entstammt.

Um Querbezüge herstellen zu können, werden die Gebäude jeweils in derselben Reihenfolge nach denselben Kriterien beschrieben:
- Standort, städtebauliche Situation
- Baugeschichte (mit Entstehungszeit, Baumeister/Architekt, Bauherr sowie Umbauten, Erweiterungen)
- Äußeres
- Inneres, Grundriß
- Baukonstruktion, Materialien
- Einflüsse, Wirkungen, Bedeutung
- Literatur

Es gibt zweispaltige, einspaltige und Kurzbeschreibungen; letztere wurden wegen geringerer Bedeutung nicht mit Abbildungen versehen.

Die zwei- und einspaltigen Beschreibungen gehen immer zumindest auf Standort, Baugeschichte, Äußeres, Materialien und Literatur ein, die Kurzbeschreibungen behandeln nur Standort und Baugeschichte sowie (soweit zu erwähnen) Einflüsse und Literatur.

Die gesamte Entstehungszeit eines Gebäudes, also vom Planungsbeginn bis zur Fertigstellung, konnte nur in den seltensten Fällen ermittelt werden. Die angegebene Zeit ist also meistens nur ein Teil der Zeitspanne, vereinfacht unter „erbaut" aufgeführt.

Renovierungen wurden nur dann erwähnt, wenn damit entscheidende innere oder äußere Änderungen verbunden waren.

Es sind jeweils nicht alle, sondern nur die wichtigsten Baumaterialien aufgeführt. Die erste Angabe bezieht sich immer auf das statisch notwendige Material.

Stadtentwicklung

Erste Besiedlung

Ein präzises Gründungsdatum für die Stadt BS ist mit 861 überliefert; es ist aber sicher nicht historisch, wenn auch die Stadtarchäologie nach 1945 erste nichtagrare Besiedlung für das 9. Jh. nachwies. Erste urkundliche Erwähnungen finden sich 1031 (Einweihung der Magnikirche im Dorf Brunesguieck) und 1036 (Gründung der Pfarrkirche St. Ulrici auf dem Kohlmarkt). Durch die günstige Lage an der Kreuzung zwischen der Oker (Schiffsweg in nördl. Richtung) und den Fernhandelswegen entstanden ein Hafen- bzw. Handelsplatz (Wik) sowie Marktniederlassungen.

Die Situation um das Jahr 1000 zeigt drei getrennte Siedlungskerne: westl. der Oker der Marktort im Bereich des Kohl- und Eiermarktes, in der Okeraue die Burg Dankwarderode und östl. der Oker das Dorf Brunesguieck (später Altewieck) sowie den Hafen- und Handelsplatz. Die O-W-Verbindung wurde durch einen Knüppeldamm an der schmalsten Stelle der Okeraue (heutige Straße Damm) hergestellt, die N–S-Verbindung durch den Bohlweg.

Diese Fernhandelswege finden sich z.T. noch heute im Stadtgrundriß, wenngleich bei den jüngeren, „bewußten" städtebaulichen Planungen die Topografie, innere Weichbildverbindungen, territoriale Überlegungen usw. zu berücksichtigen waren.

Lit.: 2, 10, 17, 24, 28, 32, 48, 56.

Im Mittelalter

Die seit dem 11. Jh. beginnende städtebauliche Planung ergab eine erste Erweiterung westl. und nördl. des Marktortes um den Kohl- und Eiermarkt (Altstadt). Es folgten die Weichbilder Hagen, gegründet von Heinrich dem Löwen im 12. Jh., und Neustadt. Die Burg rückte dadurch aus ihrer bisherigen Randlage ins Zentrum der Stadt. Im 13. Jh. kamen Altewieck (das ehem. Dorf Brunesguieck – der Name übertrug sich auf die Gesamtstadt) und Sack hinzu. Jedes dieser fünf Weichbilder hatte eine Verwaltung sowie ein eigenes Zentrum mit Marktplatz, Rathaus und (bis auf Sack) Kirche sowie z.T. eigene Stadtmauer. Aus dieser Zeit stammt die noch heute auffällige Vielfalt und Unübersichtlichkeit des großen Stadtbereiches innerhalb des Okerumflutgrabens.

Die Karte zeigt die Stadt BS zu Beginn des 16. Jh. in der Blüte der bürgerlichen Macht (ca. 16 000 Einw.). Eine gemeinsame Stadtmauer mit Umflutgraben faßte die fünf Weichbilder, die Burg und das Kloster St. Ägidien zu einer geschlossenen Stadtanlage zusammen. Auffällig ist der Richtungswechsel der Straßen in den einzelnen Weichbildern, der topographische, handelsstrategische sowie territoriale Gründe hatte. Entlang den Straßen bestand eine überwiegend offene Randbebauung. Die Kirchen sowie die gemeinsamen Verteidigungsanlagen bestimmten weitgehend die Stadtsilhouette.

Lit.: 2, 10, 17, 18, 24, 28, 32, 47, 48, 56.

Die Residenzstadt

Die mittelalterliche Stadtkernstruktur blieb, abgesehen von Einzelbereichen, über Jahrhunderte unverändert. Verändert dagegen hatten sich 1671 die Herrschaftsverhältnisse, als die Bürger ihre Macht fast ganz an die Herzöge verloren. Diese Veränderung wirkte sich auch auf das Stadtbild aus. Zu den bürgerlichen Fachwerkhäusern und Steinkirchen kamen die meist massiven barocken Residenzbauten und öffentl. Gebäude wie Oper und Hochschule, die sich überwiegend entlang einer N–S-Achse im Bereich des Bohlweges aufreihten.

Nach außen veränderten die barocken Befestigungsanlagen das Stadtbild entscheidend. Waren schon 1650 zu der mittelalterlichen Befestigung vier polygonale Bastionen hinzugekommen, begann 1692 der Ausbau zu einer kompletten Bastionärsbefestigung mit 16 polygonalen Bollwerken, der 1740 seinen Abschluß fand – militärisch überholt und ohne je genutzt geworden zu sein. Die sternförmige, z. T. 300 m breite Anlage bildete eine gigantische Baumasse, die in keinem Verhältnis mehr zu der feingliedrigen Stadtsilhouette stand.

Mitte des 18. Jh. zählte BS ca. 22 000 Einw. Der Bevölkerungszuwachs war ohne Stadtvergrößerung durch Schließung der einst offenen Straßenrandbebauung möglich.

Schleifen der Befestigungsanlagen

Die Befestigungsanlagen setzten dem Wachstum der Stadt enge Grenzen. In der 2. Hälfte des 18. Jh. entstanden ungeregelt erste Wohnhäuser und Fabrikationsstätten außerhalb der Stadt, hauptsächlich im Bereich der Ausfallstraßen und der städtischen Feldmarken. So wurde knapp 50 Jahre nach Fertigstellung mit dem Schleifen der militärisch überholten, im Unterhalt sehr teuren Anlage begonnen. Nach planlosen Anfängen (Freigabe für einige kleinere Fabrikanlagen) wurde ab ca. 1800 eine Kommission gebildet, die Pläne zur Umwandlung erarbeitete.

Das großartige Ergebnis stammt letztlich von P. J. Krahe, der ab 1803 Planung und Durchführung leitete. Es entstand eine die Stadt umschließende Grünanlage, bestehend aus öffentl. Parkanlagen und privaten Gärten, deren Verkauf die Baumaßnahmen finanzieren sollte. Innerhalb des Grüngürtels wurden meist streng lineare Promenaden angelegt. Besondere planerische Berücksichtigung fanden dabei die neuen Toranlagen an den Okerbrücken (Übergänge zu den Landstraßen).

Leider blieben die städtebaulich beispielhaften Wallanlagen nicht lange verschont: Mit dem Bau des Bahnhofsgebäudes 1837 erfolgte bereits der erste große Eingriff in den Grüngürtel; weitere sollten bald folgen.

Lit.: 2, 10, 24, 28, 32, 47, 48, 56.

Lit.: 2, 10, 24, 28, 32, 47, 48, 56.

Die Gründerzeit

Das ab 1850 einsetzende starke Bevölkerungswachstum (um 1890 ca. 96 500 Einw.) und die zunehmende Industrialisierung erforderten neues Bauland. Eine erste Stadterweiterung, 1870 vom Stadtbaumeister Tappe geplant, war in ihrer Ausdehnung bald zu klein. So entstand bis 1889 der Ortsbauplan des Stadtbaurates Winter, der mit seinem äußeren, die radialen Ausfallstraßen verbindenden Ring und seinen geometrischen Querverbindungen weitgehend verwirklicht wurde.

Im Gegensatz zu anderen Städten entstanden im Süden und Norden vornehmlich Industrie-, im Osten Wohngebiete. Dies war durch die Lage des Bahnanschlusses und den Bau der westl. Ringbahn bedingt. Die Wohnbebauung der Ringgebiete wurde geprägt von großvolumigen, durch schmale Bauwiche getrennte Mietshäuser mit Ziegel- und Putzfassaden.

In der Innenstadt kam es für neue geradlinige Straßen und den damit verbundenen Neubauten zu größeren Änderungen. Die inneren Okerläufe verschwanden zwischen 1865 und 1885 bis auf Reste aus dem Stadtkern. Auch die Wallanlagen wurden weiter bebaut: Konzentrierte sich im Osten die Bebauung auf öffentliche Einzelgebäude wie Theater (Nr. 78) oder Museum (Nr. 120), so wurde im Norden und Westen eine fast vollständige Bebauung mit Wohnhäusern vorgenommen.

Lit.: 2, 10, 24, 28, 32, 47, 48, 56.

Zerstörung der historischen Altstadt

Bis zum Ende des II. Weltkrieges war der mittelalterliche Stadtkern im wesentlichen erhalten geblieben. Mit dem Aufbau der Ringgebiete rückte die Altstadt zudem zunehmend ins Interesse des allgemeinen Bewußtseins. Gleichzeitig wurde aber auch die Sanierungsbedürftigkeit der Gebäude hinsichtlich menschengerechten Wohnens und Arbeitens erkannt. Schon vor 1933 begann die Altstadtsanierung, geplant als Verbesserung und Auflockerung für die gesamte Altbausubstanz. Bis 1939 waren ca. 1400 Wohnungen saniert worden.

Diese Bemühungen wurden im Oktober 1945 durch einen Bombenangriff abrupt beendet. 90 % der Altstadt wurden ganz oder z.T. zerstört, wobei hauptsächlich die mittelalterlichen Holzfachwerkbauten bis auf die Grundmauern abbrannten, während die steinernen Repräsentationsbauten und Kirchen wenigstens als Ruinen bestehen blieben.

Die Schadenskarte, 1945 erstellt, unterscheidet vier Schadensstufen und läßt die Tragweite der ungeheuren Zerstörung erahnen. Allerdings wurde in der folgenden Aufbauzeit darüber hinaus durch den massiven Eingriff in den Stadtgrundriß weitere Bausubstanz geopfert, in der Hauptsache für den Durchbruch großangelegter Verkehrsstrassen.

Lit.: 2, 10, 27, 28, 32, 47, 56.

Wiederaufbau der Innenstadt

Nach Trümmerräumung und umfassender Bodenordnung (Zusammenlegung der Kleinparzellen), erfolgte ab Anfang der fünfziger Jahre der Wiederaufbau der Altstadt. An eine Rekonstruktion der historischen Fachwerkstadt war aus wirtschaftlichen und technischen Gründen nicht zu denken. Nur wenige historische Gebäudegruppen wurden als sog. „Traditionsinseln" wiederhergestellt.

Entsprechend der Wandlung zur regionalen Großstadt entstanden in der Innenstadt vorwiegend Bauten für Handel und Verwaltung, was zu einer erheblichen Reduzierung der Zahl der Altstadtbewohner führte (von ca. 27 000 auf ca. 16 000 Einw.). Die Gestaltung orientierte sich bislang kaum an den Bautraditionen in BS; es herrscht (vergleichbar mit anderen Städten) die „moderne" Formenvielfalt des 20. Jh.

Für die Verkehrsflüssigkeit und für die Einrichtung der Fußgängerzone wurde ein den Stadtkern zerschneidendes Kerntangentenquadrat mit z. T. überdimensionierten Zubringern angelegt. Dafür wurde alte Bausubstanz geopfert und stellenweise ganz erheblich in die Wallanlagen eingegriffen.

Einige städtebauliche Nachkriegsentscheidungen sind bis heute umstritten: Schloßabriß, Horten-Neubau, Verkehrsstrassenbreite und -führung, isolierte Lage des neuen Hauptbahnhofs usw.

Lit.: 2, 10, 27, 28, 32, 47, 56.

Heutiges Stadtgebiet

Seit 1875 wurde das Stadtgebiet mehrfach durch Eingemeindungen erweitert. Gründe hierfür waren z. B. der Baulandmangel für Wohnen und Gewerbe, die Probleme der Ver- und Entsorgung, die zunehmende Konzentration der Verwaltung. Die flächenmäßig größte Ausdehnung vor 1945, die das Stadtgebiet auf ca. 7000 ha anwachsen ließ, wurde 1934 aufgrund einer nationalsozialistischen Verordnung vorgenommen (eingemeindet wurden u. a. Lehndorf, Melverode, Ölper, Querum, Riddagshausen). 1974 kamen im Zuge einer Verwaltungsreform weitere 22 Umlandgemeinden zum Stadtgebiet, das seitdem ca. 19 000 ha beträgt (der mittelalterliche Stadtkern hat ca. 260 ha).

Bevölkerungs- und Industriewachstum sowie die Wandlung von BS zur regionalen Großstadt erforderte auch den Aufbau zahlreicher neuer Gewerbegebiete und Wohnsiedlungen bzw. neuer Stadtteile in den Außenbezirken. Die damit verbundene räumliche Distanz zwischen Wohnen, Arbeiten und Einkaufen und Verwaltung ließ sich nur z.T. durch öffentliche Verkehrsmittel (Bus, Straßenbahn) überwinden, so daß für den fließenden und ruhenden Individualverkehr umfangreiche Verkehrsanlagen geschaffen werden mußten (z. B. Stadtautobahnen).

Lit.: 2, 10, 27, 28, 32, 47.

Stadtentwicklung 9

Braunschweig um 1000

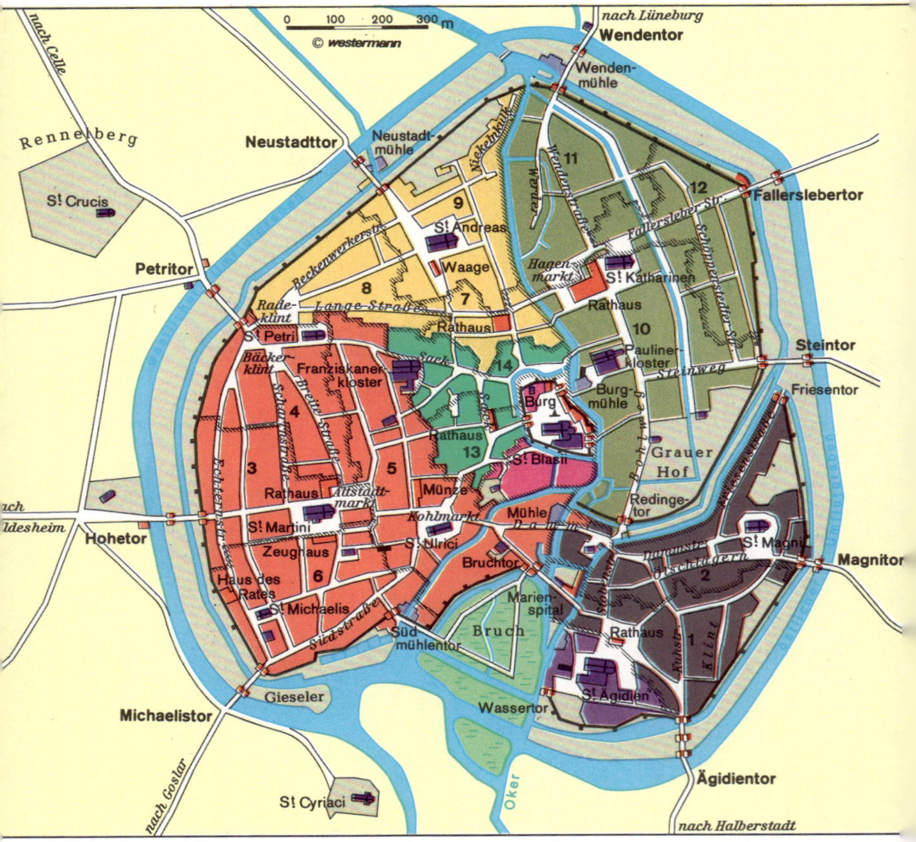

10 Stadtentwicklung

Braunschweig um 1400

Legend:
- Altewiek (mit der ältesten dörflichen Siedlung)
- Altstadt (in Lanzettform)
- Neustadt (in Längsstraßenform)
- Hagen (in Schachbrettform)
- Sack (Handwerkersiedlung)
- Burgbezirk (Dankwarderode)
- Klosterfreiheit S! Ägidien
- Grenze der Bauerschaft
- Mauer mit Turm
- Stadttor
- öffentliches Gebäude
- Kirche, Kloster
- Freiflächen
- offenes Land, z. T. Ackerland
- Wiese, z.T. sumpfig

Stadtentwicklung 11

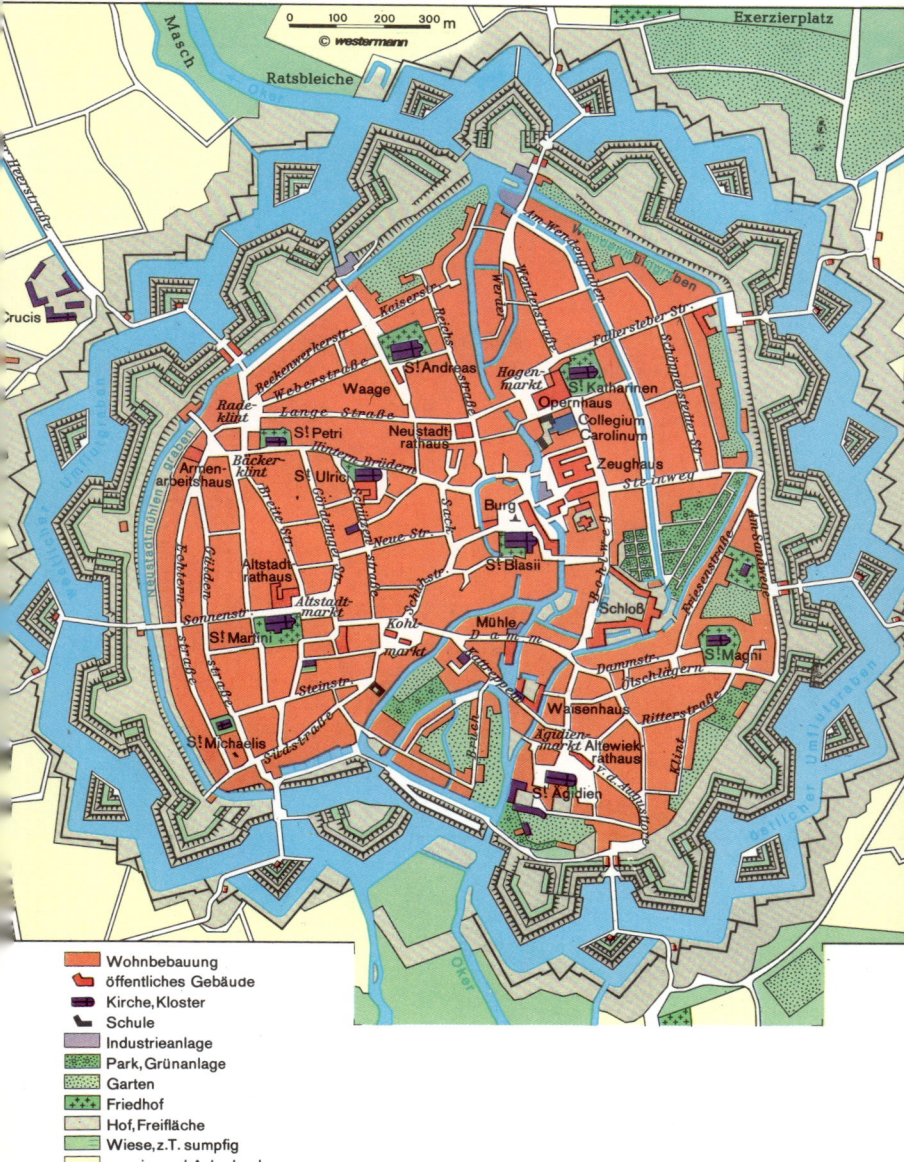

Braunschweig um 1775

12 Stadtentwicklung

PLAN
von
Braunschweig
mit den
Wallpromenaden.

Entworfen von Chr. Wicker, Architect
1841.

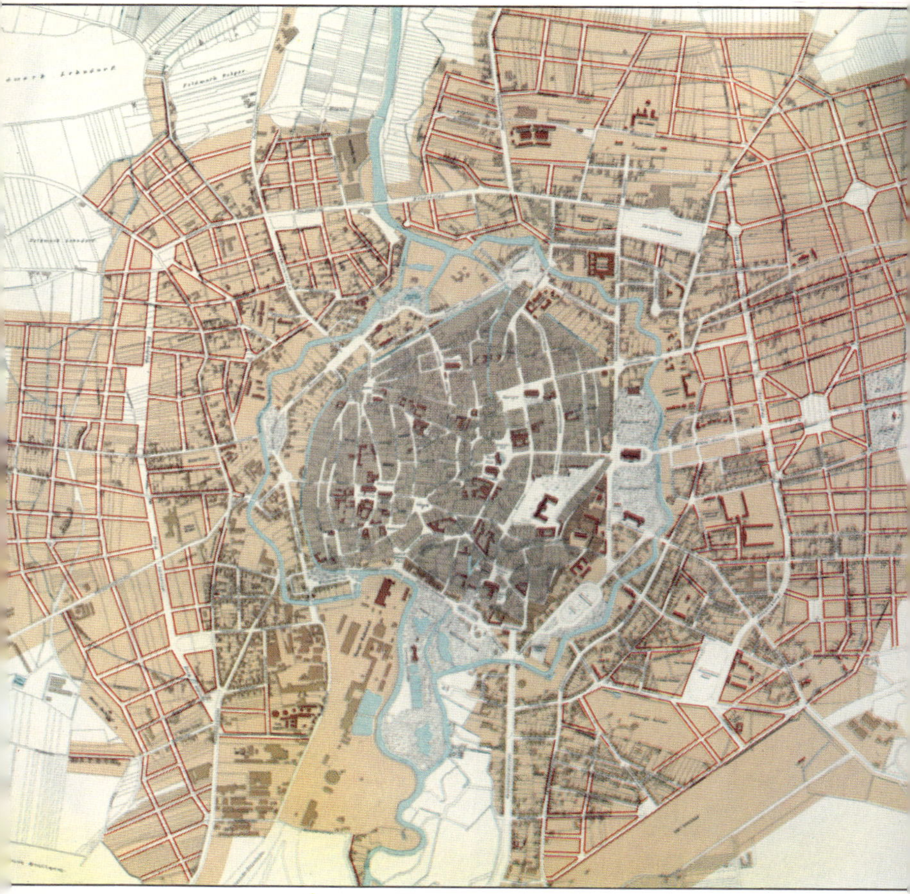

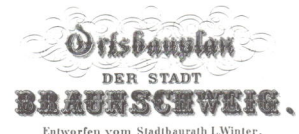

Ortsbauplan
DER STADT
BRAUNSCHWEIG.

Entworfen vom Stadtbaurath L. Winter.
Kartirt im Jahre 1889
vom Stadtgeometer Fr. Knoll.

Lithogr. u. Druck v. F.R. Lange Hof Lith. Braunschweig.

14 Stadtentwicklung

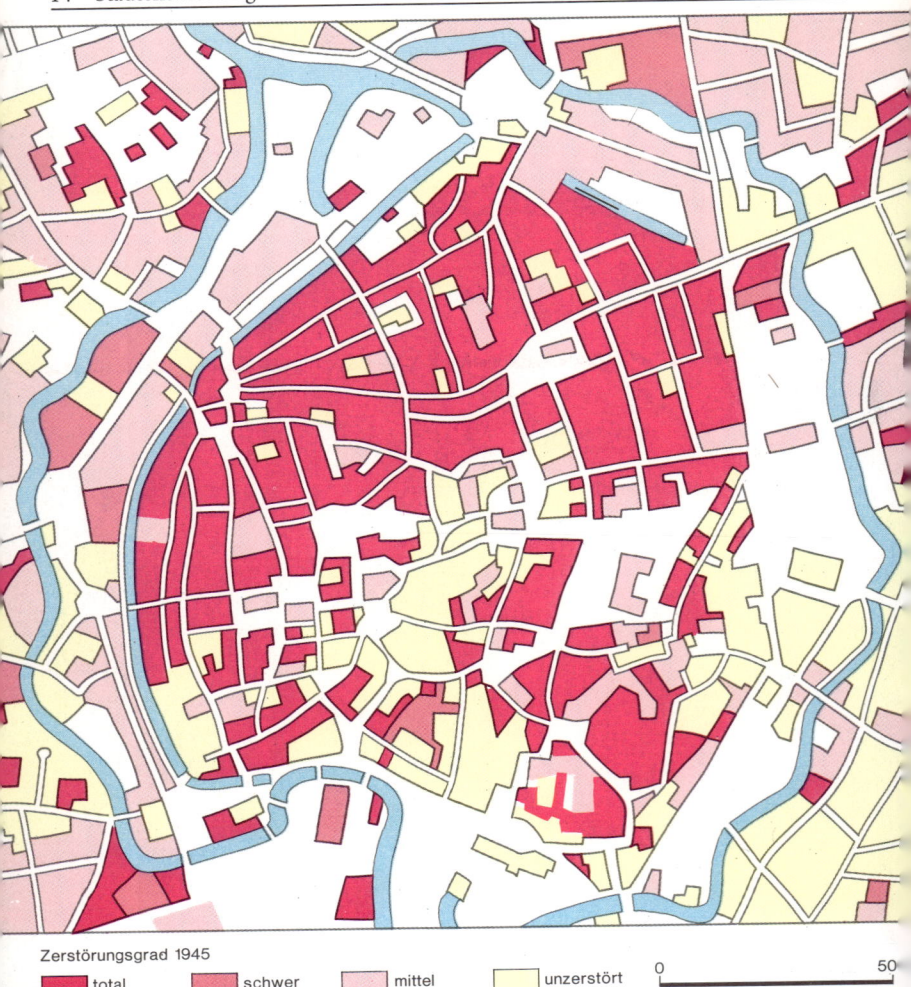

Zerstörungsgrad 1945: total, schwer, mittel, unzerstört

Braunschweig 1945

Stadtentwicklung 15

Citygebiet, Hauptgeschäftszentrum
Fußgängerzone
Sportplatz

Weitere Erläuterungen siehe obere Karte

Braunschweig
1985

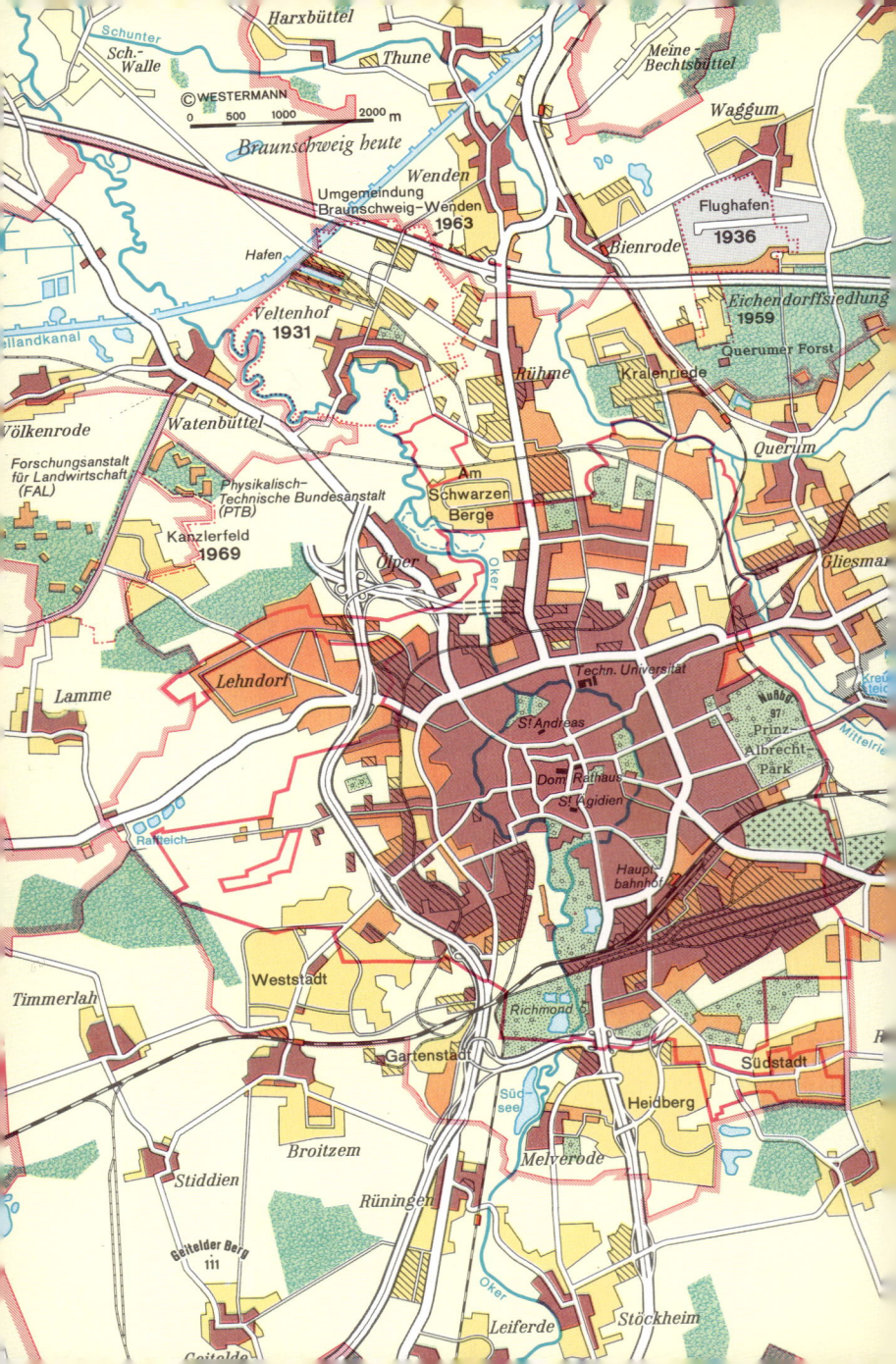

Siegfriedviertel

○ Zwischen Hamburger Str. und Bienroder Weg.
○ Erbaut ab 1926; Architekten H. Flesche/Nibelungen Wohnbaugesellschaft u. a.
○ Überwiegend Mietwohnungsbau; Siegfriedstraße mit viergeschossiger Bebauung als Rückgrat, hufeisenförmiger Ringschluß mit strahlenförmiger Verbindung zum zentralen Burgundenplatz; Blockrandbebauung z.T. aufgelöst durch vorspringende Gebäudeteile und Hofbildung, dabei bemerkenswerte Ecklösungen.
○ Symbiose zwischen Gartenstadt- und klassiz. Gestaltungsgrundsätzen.

Lit.: 10, 24, 27, 32, 37, 48, 56.

Siedlung Altpetritor

○ Südl. von Alt-Lehndorf.
○ Erbaut ab 1919; Architekt Siedlungsgesellschaften und Selbsthilfegruppen.
○ Wohnraumbeschaffung für mittellose Bevölkerung gemäß 1. Heimstättengesetz (Vermeidung von Folgeeinrichtungen durch Anlage kleiner Siedlungen).
○ Ein- und zweigeschossige Einzel- und Doppelhäuser und zusammenhängende Hausgruppen innerhalb einfacher Straßenvierecke.
○ Z.T. Trümmerbestände, Lehmziegel (u. a. für Außenwände) in Eigenarbeit.
○ Bewahrung der Naturverbundenheit („Gartenstadtbewegung"), persönliche Identifizierung mit dem Wohnumfeld.

Siegfriedviertel im Maßstab 1:25 000

Siedlung Altpetritor im Maßstab 1:8000

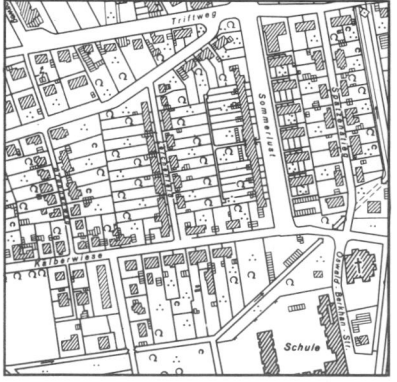

Stadtentwicklung

Lehndorf-Siedlung

○ Nordwestl. von Alt-Lehndorf auf dessen Flur.
○ Erbaut ab 1935; Architekten Hochbauamt (B. Reichow) und Reichsheimstätte u. a.
○ 1800 WE für ca. 7000 Einw. in Kleinsiedlungsstätten, Eigenheimen, Miethäusern.
○ Rückgrat bildet Lindenallee (Saarstr.) mit mäanderförmiger, zweigeschossiger Bebauung und zentralem dreieckigen Platz mit Gemeinschaftseinrichtungen und Turm als städtebauliche Dominante; im südl. Gebiet weitere Allee (Saarlouisstr.) mit öffentl. Parkanlage, Spielplatz.
○ NS-ideologisch beeinflußte Gartenstadt, Wohnungsbau als Arbeitsbeschaffung und zur Aussiedlung aus der Altstadt (Sanierung).

Lit.: 2, 10, db 8.1935, 24, 27, 32, 47, 56.

Bebelhof

○ Östl. der Salzdahlumer Straße.
○ Erbaut ab 1928; Architekt F. R. Ostermeyer(?) / Wohnbaugesellschaften; 1956 Aufstockung, Veränderung von Fassaden und Dachform.
○ Urspr. 450 Wohnungen gehobenen Anspruches (zentr. Heizanlage usw.) für finanzschwache Mieter (SPD-Wohnungsbaupolitik).
○ Strenge N-S-Ausrichtung dreigeschossiger Zeilen, dazwischen zum Zwecke der Raumbildung kurze ein- bis viergeschossige O-W-Trakte mit Gemeinschaftseinrichtungen; fahrverkehrsfreie Grünzonen durch zusammengefaßte Verkehrserschließung.
○ Zeitgemäße Wohnanlage im Werkbundstil.

Lit.: 10, bw 10.1956, 24, 27, 32, 47, 48, 56.

Lehndorf-Siedlung im Maßstab 1 : 25 000 *Bebelhof im Maßstab 1 : 8000*

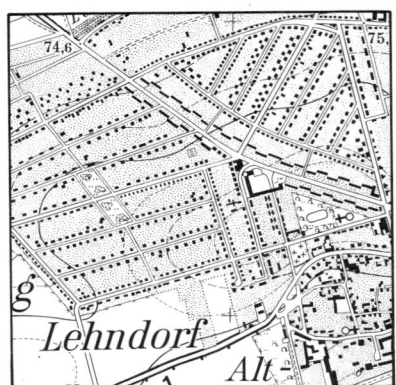

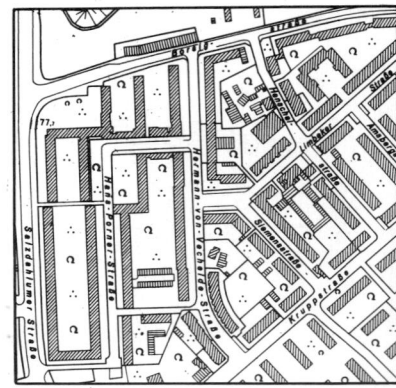

Lincolnsiedlung

○ Stadtteil Rühme, südl. der A 2.
○ Erbaut ab 1951; Architekten H. C. Bartels, J. Schweitzer/Soziale Baugenossenschaften.
○ Ca. 280 WE, amerikanisch-deutsche Förderung zur Ankurbelung des Nachkriegs-Wohnungsbaus, Bildung von Wohneigentum.
○ Strenge Gebäudeaufreihung in N–S-Richtung, Typenwiederholung zur Rationalisierung; sechsgeschossige Laubenganghäuser mit Maisonettenwohnungen, zweigeschossige Reihenhäuser mit zusammengefaßten Verkehrs- bzw. privaten Gartenflächen; Balkone nachträglich zu Wintergärten umgebaut, Laubengänge z. T. verglast.

Lit.: 10, 26, 27, 32, 56.

(Alte) Südstadt

○ Südöstl. Stadtgebiet auf ehem. Mascheroder Flur.
○ Erbaut ab 1936; Architekt Reichsheimstättenamt.
○ Lehr- und Versuchssiedlung für Architekten und Handwerker; ca. 500 WE (Kleinsiedlerstellen, Reichsheimstätten, Mietwohnungen) sowie Folgeeinrichtungen.
○ Zentraler, rechteckiger Marktplatz mit zweigeschossiger, z. T. Fachwerk-Randbebauung (Läden, Wohnungen usw.) und großem Gemeinschaftshaus, umgeben von flächendeckender, zum Zentrum hin überwiegend zweigeschossiger Wohnbebauung; im nördl. Bereich durchgehende Grünzone (Spielplatz, Park usw.), kleines Nebenzentrum.
○ Mustersiedlung der Arbeitsfront.

Lit.: 10, 24, 27, 56.

Lincolnsiedlung im Maßstab 1 : 8000

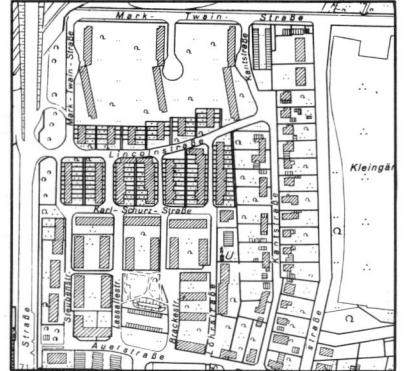

(Alte) Südstadt im Maßstab 1 : 25 000

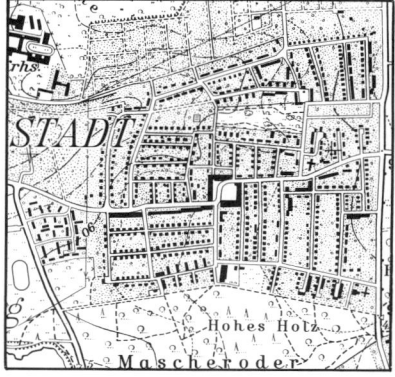

Heidberg/Melverode („Neue" Südstadt)

○ Südl. Stadtgebiet beiderseits der B 4.
○ Erbaut ab 1958; Architekten Planungsamt/J. Göderitz, E. May/Wohnbauunternehmen.
○ Ca. 7500 WE (Eigenheime, Reihenhäuser, überwiegend Mietwohnungen), Einkaufszentrum und weitere Folgeeinrichtungen.
○ 4 abgeschlossene Nachbarschaften um Hauptzentrum mit Hochhaus als Städtebaudominante; Wohngeschoßbauten (bis zu 8 Geschossen) überwiegend als Zeilenbauten; orientiert nach Besonnung, Belichtung, Belüftung (durchgrünte Stadtlandschaft).
○ Leitbild: „gegliederte und aufgelockerte Stadt" (Abkehr von Innenstadtenge).

Lit.: 10, DBZ 6.1958, 27, 32, 56.

Schwarzer Berg

○ Westl. der Hamburger Str., nordöstl. des Naherholungsgebietes „Ölper See".
○ Erbaut ab 1963; Architekt Deutsches Heim.
○ Abgeschlossene Wohnsiedlung mit Folgeeinrichtungen; ca. 1800 WE (Eigenheime, Eigentums- und Mietwohnungen).
○ Im Kern und nördl. Bereich relativ fantasielose Anordnung von viergeschossigen Hauszeilen; 22geschossiges Hochhaus als städtebauliche Dominante; nach Südwesten anspruchsvollere ein- bis zweigeschossige Einzel-, Ketten- und Reihenhäuser; Erschließung durch ringförmige Sammelstraße, Stichstraßen und Wohnwege.

Lit.: 10, 27, 56.

Heidberg/Melverode im Maßstab 1:25 000

Schwarzer Berg im Maßstab 1:25 000

Kanzlerfeld

○ Nordwestl. Stadtgebiet (Bundesallee).
○ Erbaut ab 1970; freie Architekten/Wohnbaugesellschaften.
○ Ca. 1300 WE in Eigenheimen, Eigentums- und Mietwohnungen; Folgeeinrichtungen.
○ Gliederung in 4 Nachbarschaften unterschiedlicher Baudichte; überwiegend Einfamilienhäuser (z.T. als Teppichbebauung); zwei- bis viergeschossige Reihen- und Miethäuser; städtebaulich dominierendes Zentrum (bis zu 5 Geschossen) mit Läden, Wohnungen, Kindergarten (Nr. 216) usw.
○ Diskussion um Verkehrsberuhigung und Gestaltungssatzungen in Wohngebieten.

Lit.: 10, 27.

Weststadt

○ Südwestl. Stadtgebiet.
○ Erbaut ab 1963, letzter Bauabschnitt im Aufbau; Stadtplanungsamt/freie Architekten/Wohnbaugesellschaften u. a.
○ Ca. 5700 WE in unterschiedlichen Wohnformen (überwiegend Mietwohnungen), Einkaufszentrum, weitere Folgeeinrichtungen.
○ Hauptzentrum, 5 Nachbarschaften mit Nebenzentren, gegliedert durch öffentliche Grünzonen; Wohngeschoßbauten (drei- bis 16geschossig) zuerst als Zeilenbauten, dann in raumbildenden Baublöcken; Einzel- und Reihenhäuser in den Randbereichen.
○ Typischer, zeitgemäßer Städtebau.

Lit.: 10, 27, 32, 56.

Kanzlerfeld im Maßstab 1 : 25 000

Weststadt im Maßstab 1 : 25 000

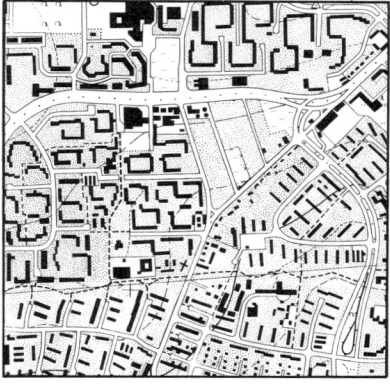

Dom St. Blasii (ev.)
○ Burgplatz 5; freistehend (durch Brükkengang mit Nr. 106 verbunden).
○ 1173 Grundsteinlegung; Bauherr Heinrich der Löwe; 1195 im wesentlichen (mit dreischiffigem Langhaus) fertiggestellt; um 1275 Fertigstellung der urspr. anders geplanten Türme; 1322–1344 südl. Seitenschiff; 2. Hälfte 15. Jh. Neubau der nördl. Seitenschiffe; 1892 Anbau von Sakristei und Taufkapelle; Architekt E. Wiehe.
○ Glockenhaus (mit got. Maßwerk) zwischen 2 Achtecktürmen auf Turmunterbau und ZG; Fenster des südl. Seitenschiffs mit unterschiedlichem Maßwerk; im Norden Seitenschiff mit spätgot. Dachgalerie und Fenstern mit giebelförmigem Sturz; Fenster des Ostjochs der roman. Mittelschiffswand kleeblattförmig umgestaltet; am nördl. Querarm einzig erhaltenes roman. Portal; Satteldächer und Pultdach.
○ Fünfschiffige, vierjochige Pfeilerbasilika mit Querhaus, Chorquadrat und 3 Apsiden mit ursprüngl. Bemalung; dreischiffige Krypta; Mittelschiff kreuzgrat-, Südschiffe kreuzrippengewölbt, Nordschiffe mit Stern- und Netzgewölben.
○ Bruch- und Werkstein-Mauerwerk (urspr. verputzt).
○ Erster einheitlicher Gewölbebau in Norddeutschland; unmittelbarer Einfluß auf Nr. 26, 30 und 32 sowie im Norden Deutschlands.
Lit.: 9, 12, 16, 22, 32 a, 35, 49, 56.

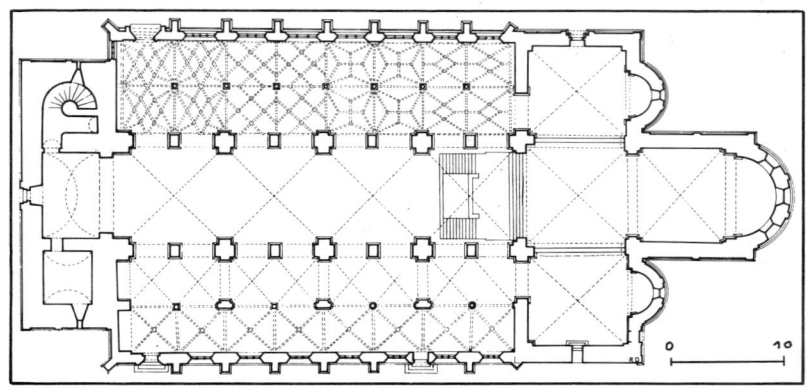

Luth. Pfarrkirche St. Ulrici-Brüdern
(ehem. Franziskanerkloster, Ev.-luth. Stadtkirchenamt)
○ Schützenstr. 21 A; freistehender Gebäudekomplex.
○ Kirche um 1340–1471; nach Kriegszerstörung (1944) ehem. Konventsgebäude bis auf Kreuzgang und Bortfeldsche Kapelle durch Neubauten ersetzt.
○ Kirche mit Strebepfeilern, spätgot. Vorhalle vor Westportal, Renaissanceportal im Norden; Satteldach mit Dachreiter.
○ Dreischiffige, fünfjochige Hallenkirche mit dreijochigem Chor und ⅝-Schluß; Kreuzrippengewölbe.
○ Bruch- und Werkstein-Mauerwerk.
Lit.: 9, 12, 13, 16, 35, 55, 56.

Bartholomäuskirche
○ Schützenstr. 5 A; freistehend.
○ Erbaut 2. Hälfte 12. Jh.; Außenwände got. erhöht; Chorquadrat und Apsis abgetragen; 1708–09 Umbau des Inneren mit Einziehen eines Holzgewölbes; Architekt H. Kolb; 1834 Abtragen der ehem. 2 Turmhelme; jetziger Eingang mit Maßwerkfenster 1877; nach Kriegszerstörungen (1944) Wiederaufbau ohne Türme; Architekten D. Thulesius und W. Taeger.
○ Längsseiten mit je 3 Maßwerkfenstern; Sakristeianbau an Südseite; Satteldach.
○ Saalbau mit geradem Schluß; Flachdecke.
○ Bruchstein-Mauerwerk.
Lit.: 16, 35, 56.

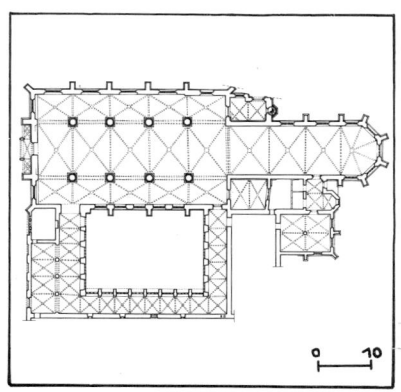
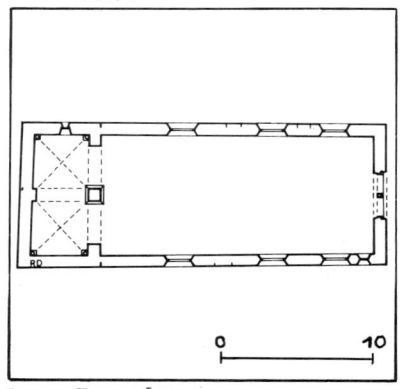

Ev. Pfarrkirche St. Martini
○ An der Martinikirche 10; freistehend.
○ Um 1190 als neue Pfarrkirche der Altstadt begonnen; 1. Hälfte 13. Jh. als roman. Basilika fertiggestellt; ab ca. 1250 Umbau und Erweiterung (Südschiff – bis um 1300 –, Nordschiff – bis um 1320 –, 2. Chorjoch, Chorpolygon – um 1400); Annenkapelle 1434 (mit Zeltdach) vollendet; Maßwerkgiebel der Apsis um 1700.
○ Spätroman., got. erhöhtes Glockenhaus zwischen 2 Achtecktürmen (mit hohen Zeltdächern) auf Turmunterbau mit Empore und Westportal; an allen Langhausjochen mit Blendmaßwerk besetzte Zwerchgiebel; Stirnwände des ehem. Querhauses durch hochgot. Blendmaßwerk betont; westl. Portale beim Umbau z. T. wiederverwendet; Satteldächer.
○ Dreischiffige, siebenjochige Hallenkirche mit geradem Ostabschluß der Seitenschiffe und ⅝-Chorpolygon; vom roman. Bau Chorviereck, Querhaus und Mittelschiff sowie Westbau erhalten; Langhauspfeiler (auf halber Höhe) noch mit Kämpfern der urspr. Seitenschiffgewölbe; Mittelschiff kreuzgrat-, Seitenschiffe kreuzrippengewölbt, Annenkapelle (außen ⅝-Polygon) mit Sterngewölbe.
○ Bruch- und Werkstein-Mauerwerk.
○ Einflüsse von Nr. 22 auf Grundriß, Westfassade und Seitenschiffs-Zwerchgiebel.
Lit.: 9, 12, 16, 30, 32 a, 35, 49, 56.

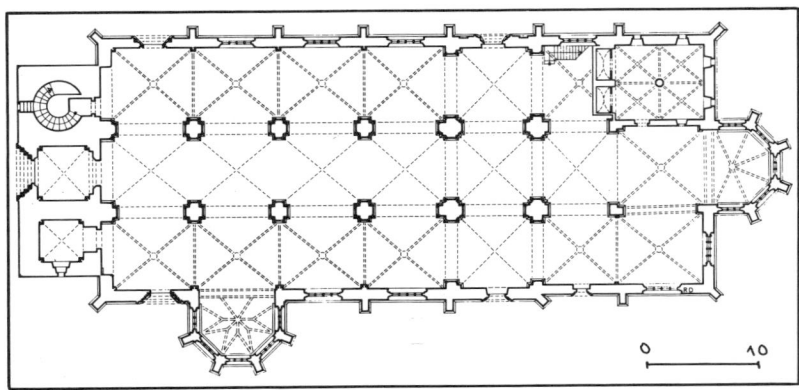

Ev. St. Jakobs-Kapelle
○ Eiermarkt 2; Eckgebäude; nach Süden geschlossene Bebauung.
○ Erster Bau 861 (?); got. Bau 13. Jh. (?); 1794–95 Umbau (Abbruch des quadratischen W.-Turms, Beseitigung der Gewölbe); nach Kriegszerstörung (1944) 1978–79 wiederaufgebaut; Architekt Stadtkirchenamt; Bauherr A. Wiswedel.
○ Maßwerkfenster an Westseite; 2 Spitzbogenfenster mit neuzeitlicher Sprosseneinteilung; Satteldach.
○ Urspr. Saalbau, jetzt als Gemeindehaus genutzt; Flachdecke.
○ Bruchstein-Mauerwerk.
Lit.: 9, 16, 35, 55, 56.

Ev. Pfarrkirche St. Petri
○ An der Petrikirche 9; freistehend.
○ Neubau um 1260 (mit Turm) begonnen; Baubeginn von Langhaus und Seitenschiffen vor 1300; Annenkapelle um 1400.
○ Achteckiger Turm (mit hohem Zeltdach) auf Turmunterbau; Zwerchgiebel der Seitenschiffswände jochbreit, die der Annenkapelle schmaler; Satteldach.
○ Dreischiffige, dreijochige Hallenkirche; einjochiger Chor mit ⅜-Polygon; Annenkapelle zweijochig; quadratischer Turmgrundriß; Kreuzrippen-/Kreuzgratgewölbe.
○ Bruch- und Werkstein-Mauerwerk.
○ Einzelformen wie bei Nr. 32.
Lit.: 9, 12, 16, 30, 32a, 35, 49, 56.

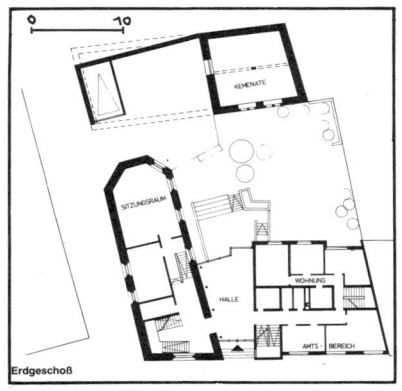
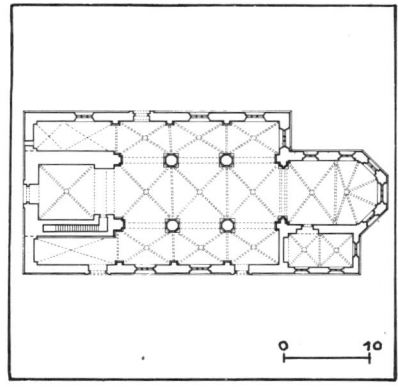

Ev. Pfarrkirche St. Andreas
○ An der Andreaskirche 6; freistehend.
○ Um 1230 als Pfarrkirche der Neustadt begonnen; um 1250 als roman. Basilika fertiggestellt; um 1285 bis um 1350 Umbau und Erweiterung (Verbreiterung der Seitenschiffe, Chorerweiterung, westl. Verlängerung um 1 Joch); um 1300–1420 Türme bis einschließlich Glockenhaus; um 1410 Giebel der Seitenschiffsjoche und Chorpolygon; 1518–32 Vollendung des Südturms mit Zeltdach; Architekt B. Tafelmaker; 1581 Zeltdach Nordturm; 1740–41 Zwiebelhaube Südturm (nach Brand); höchster Kirchturm in BS.
○ Spätgot. Glockenhaus zwischen 2 unterschiedlichen Achtecktürmen auf zweigeschossigem Turmunterbau; alle Langhausjoche mit drei- bzw. vierteiligen Maßwerkfenstern und Zwerchgiebeln (mit spätgot. Blendmaßwerk besetzt); Stirnwände des ehem. Querhauses mit roman. Säulenportalen; Portale beim Umbau z.T. wiederverwendet; Satteldächer.
○ Dreischiffige, siebenjochige Hallenkirche (westl. Joch kürzer) mit geradem Ostabschluß der Seitenschiffe und spätgot. ⅝-Chorpolygon; vom roman. Bau Chorquadrat, Querhaus, Vierung und Kreuzgratgewölbe des Mittelschiffs erhalten; Seitenschiffe kreuzrippengewölbt.
○ Bruch- und Werkstein-Mauerwerk.
○ Einflüsse von Nr. 22 und 26.
Lit.: 9, 12, 16, 30, 35, 49, 56.

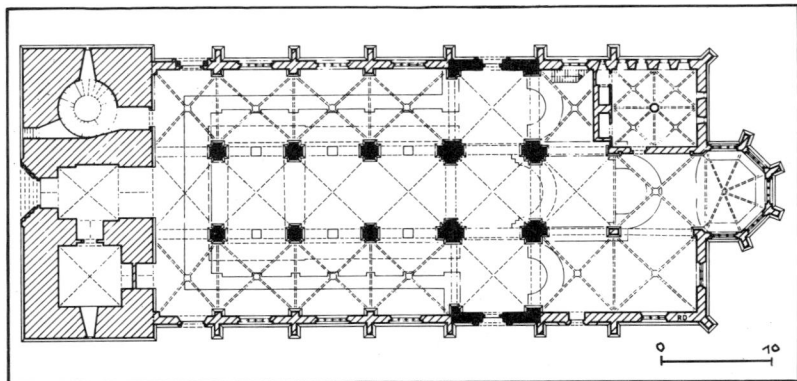

Ev. Pfarrkirche St. Katharinen
○ Hagenmarkt 22; freistehend.
○ Um 1200 als roman. Basilika und Pfarrkirche des Hagen begonnen; um 1230 Langhaus und Turmunterbau fertiggestellt; ab ca. 1250 Umbau und Erweiterung; Seitenschiffe und unteres Turmgeschoß um 1290, Glockenhaus um 1300, Chorerweiterung um 1330, Südturm 1379 fertiggestellt; Seitenschiffe über das ehem. Querhaus hinaus um 1390 verlängert.
○ Got. Glockenhaus zwischen 2 achteckigen, unterschiedlich hohen Türmen auf Turmunterbau und ZG; Seitenschiffswände mit hochgot., drei- bzw. vierfach geteilten Fenstern sowie Blendmaßwerkgiebeln; an der Nordseite des ehem. Querhauses Reste von 2 roman. Fenstern; roman. Seitenportal als westl. Südportal wiederverwendet; Satteldächer.
○ Dreischiffige, siebenjochige Hallenkirche mit hochgot. $7/10$-Chorpolygon und geradem Ostabschluß der Seitenschiffe; vom roman. Bau Mittelschiff, Querhaus und Chorquadrat erhalten; Mittelraum des Westbaus tonnen-, Mittelschiff kreuzgrat-, Seitenschiffe kreuzrippengewölbt.
○ Bruch- und Werkstein-Mauerwerk.
○ In Anlehnung an Nr. 22 und 26; in Details Einflüsse der Dome in Halberstadt und Minden.
Lit.: 9, 12, 16, 30, 32 a, 35, 49, 55, 56.

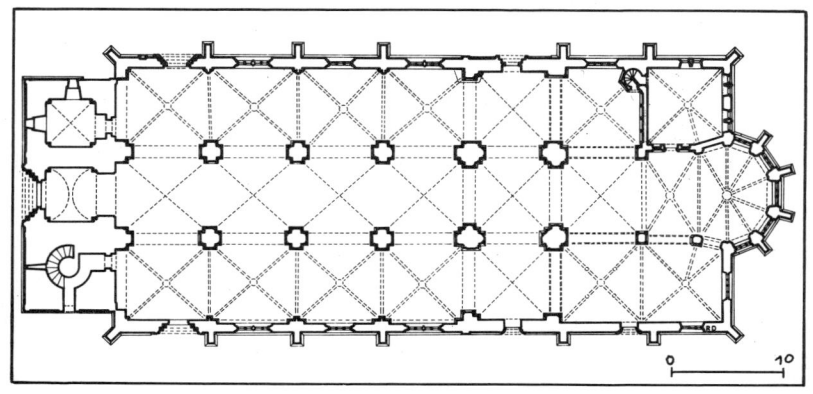

Kath. Pfarrkirche St. Ägidien (ehem. Benediktinerkloster, Braunschweigisches Landesmuseum)
○ Ägidienmarkt 11 A/Mönchstr. 1; freistehender Gebäudekomplex.
○ Um 1280 Kirche als Basilika (mit Ostteilen) begonnen; nach Planänderung um 1310 die 2 östl., im 15. Jh. die 2 westl. Langhausjoche vollendet; 1817 Abbruch des unvollendeten Turmbaus. Ehem. Konventsgebäude 2. Hälfte 12. Jh.; Abriß von Süd- und Westflügel Ende 19. Jh.; 1905 Chor des Paulinerklosters angebaut.
○ Im Westen der Kirche Ansätze der Turmanlage; alle Langhausjoche mit Zwerchhäusern (im Norden mit Blendmaßwerk); Chor mit frühgot. Maßwerkfenstern und Strebepfeilern; nördl. Querhausfassade als Schauseite gestaltet; Satteldach und Pultdächer. Ehem. Dormitorium mit Maßwerkfenstern der Paulinerkirche im 1. OG.
○ Dreischiffige, vierjochige Hallenkirche mit Querhaus sowie angehobenem, einjochigem, basilikalem Umgangschor mit 5/8-Schluß und eingezogenem Kapellenkranz; Chor mit Triforiengalerie; Kreuzrippen-/Kreuzgratgewölbe (Umgang und Kapellen). Konventgebäude dreischiffig.
○ Bruch- und Werkstein-Mauerwerk.
○ Einflüsse der Dome in Halberstadt und Magdeburg, vom ehem. Kloster Königslutter sowie der frz. Kathedralgotik.
Lit.: 9, 12, 16, 20, 35, 43, 45, 46, 49, 55, 56.

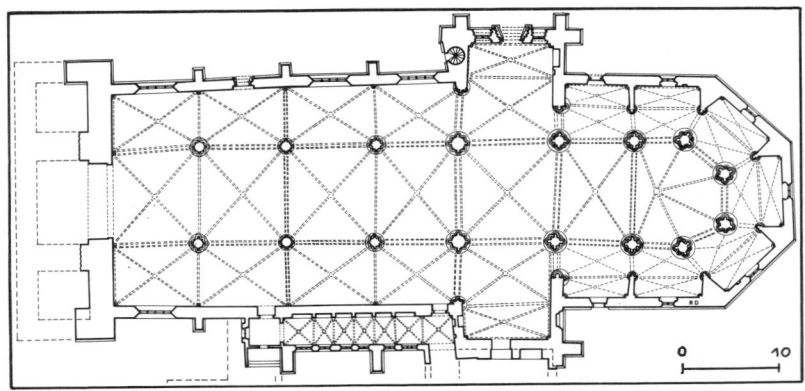

Innenstadt – Mittelalter

Ev. Pfarrkirche St. Magni
○ Ölschlägern 15 A; freistehend.
○ Um 1250 begonnen; Chorpolygon 1447 vollendet; nach Kriegszerstörung (1944) zeitgemäßer Wiederaufbau.
○ Glockenhaus zwischen 2 unterschiedlichen Achtecktürmen auf zweigeschossigem Turmunterbau; Nordseite mit Betonsprossen-Fenster über 4 Joche; Satteldach.
○ Ehem. drei-, jetzt zweischiffige, siebenjochige Hallenkirche mit geradem Ostabschluß der Seitenschiffe und ⅝-Chorpolygon; Kreuzgrat-, Kreuzrippengewölbe, Flachdecke.
○ Bruch- und Werkstein-Mauerwerk.
○ Einflüsse von Nr. 22, 32 und 204.
Lit.: 4, 9, 12, 16, 29, 30, 32 a, 35, 49, 56.

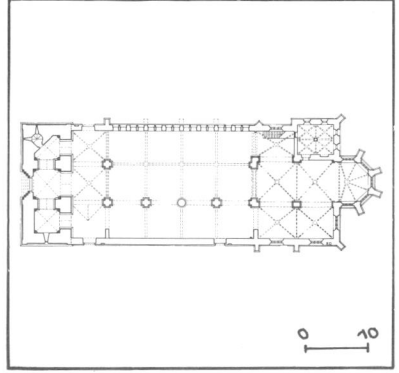

Ev. Pfarrkirche St. Michaelis
○ Echternstr. 67; freistehend.
○ Anfang 13. Jh. Erweiterung der urspr. Saalkirche um die (anfangs noch flachgedeckten) Seitenschiffe; Turm um 1250.
○ Seitenschiffswände mit Zwerchgiebeln; z.T. asym. angeordnete Maßwerkfenster; Satteldach; Turm mit hohem Zeltdach.
○ Dreischiffige, dreijochige Hallenkirche mit geradem, aber leicht asym. Ostabschluß; quadratischer Westturm in Mittelschiffsbreite; Kreuzrippengewölbe.
○ Bruch- und Werkstein-Mauerwerk.
○ Einzige der Pfarrkirchen in BS mit heute noch geradem Chorabschluß.
Lit.: 9, 12, 16, 35, 49, 56.

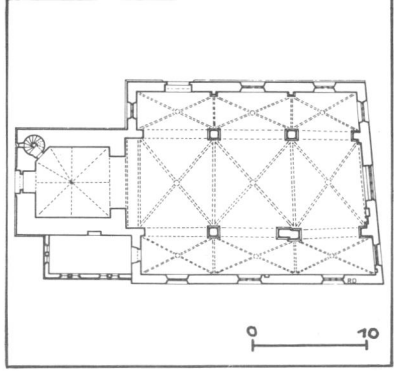

Innenstadt – Mittelalter

Stiftsherrenhäuser
○ Kleine Burg 2–3; Eckgebäude; freistehend.
○ Erbaut 2. Hälfte 15. Jh.; umgebaut 1979, dabei urspr. Grundrisse größtenteils verändert; Architekten A. Hafkemeyer, K. Fangmeier und F. Richi; Bauherr Stadtwerke BS.
○ 23/12 Konstruktionsachsen; 2 Geschosse (starke Vorkragungen); Treppenfries; traufständig; Satteldach mit Gauben; an den Straßenseiten je 1 Zwerchhaus.
○ Kundenzentrum für die Versorgungsbetriebe der Stadtwerke.
○ Fachwerk, geputzte Gefache (Fassade); Stahlbetonbau (Inneres).
Lit.: A 9.1981, 6, 19, 55, 56.

Wohn- und Geschäftshaus
○ Kleine Burg 15; geschlossene Bebauung.
○ Erbaut 1488; urspr. Fassade nur im 1. OG erhalten.
○ 27 Konstruktionsachsen; 2 Geschosse (starke Vorkragung); doppelter Treppenfries; Satteldach mit Gauben; Zwerchhaus mit Türluke.
○ Fachwerkbau, geputzte Gefache.
○ Gestaltung von Ladenzone und Dachgauben werden dem urspr. Charakter des Hauses nicht gerecht.
Lit.: 12, 19, 35, 56.

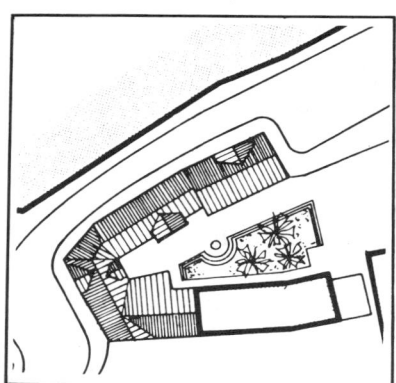

Geschäftshaus
○ Damm 4; geschlossene Bebauung.
○ Erbaut um 1530 (urspr. mit Toreinfahrt, Windeluken und Zwerchhaus); um 1830 Schnitzwerk (got. Maßwerkmotive) an der Straßenseite größtenteils entfernt; EG und ZG seit 1907 durch Ladeneinbauten völlig verändert.
○ 12 Konstruktionsachsen; 4 Geschosse (1. OG als ZG, 2. und 3. OG stark vorkragend); Figurenknaggen (schon renaissancehaft); Wellenstab; Trapezfries (Hofseite); traufständig; Satteldach.
○ Fachwerkbau, geputzte Gefache.
Lit.: 9, 12, 19, 35, 56.

Wohn- und Geschäftshaus
○ Alte Knochenhauerstr. 11; nach Norden geschlossene Bebauung.
○ Erbaut 1470 (urspr. 20 Konstruktionsachsen; nach Kriegszerstörung (1944) 1962 verkürzt, mit neuem Zwerchhaus wiederaufgebaut; Architekt H. Heitmann; Bauherr E. Schulze.
○ 6 Konstruktionsachsen; 3 Geschosse (straßenseitig starke, hofseitig gar keine Vorkragungen); Treppenfries mit Figurenknaggen; Hofseite verbaut; traufständig; Satteldach; Zwerchhaus.
○ Fachwerkbau, geputzte Gefache.
○ Älteste, noch erhaltene Holzarchitektur in BS.
Lit.: 9, 12, 19, 35, 56.

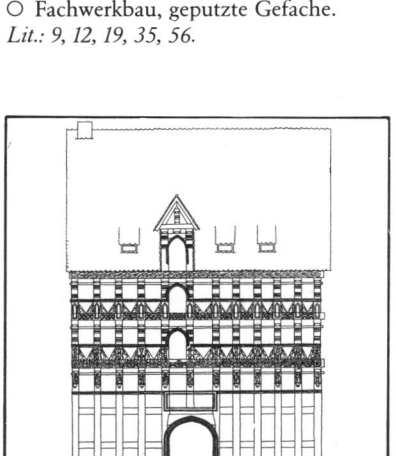

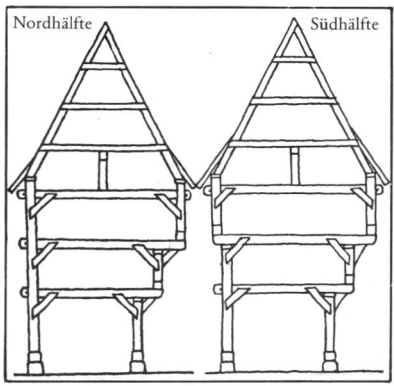

Innenstadt – Mittelalter

Wohn- und Geschäftshaus
○ Alte Knochenhauerstr. 12; geschlossene Bebauung.
○ Um 1500 zweigeschossig errichtet; Bauherr T. Witten; Aufstockung und hölzerne, geschnitzte Torumrahmung wahrscheinlich um 1700; EG-Knaggen abgebrochen; späterer Einbau von Wohnräumen in die Däle.
○ 14 Konstruktionsachsen; 3 Geschosse (1. OG stark, 2. OG leicht vorkragend); Treppenfries über seitlich abgefasten Balkenköpfen; traufständig; Satteldach mit 2 Gauben; sym. angeordnetes Zwerchhaus.
○ Fachwerkbau, geputzte Gefache.
Lit.: 9, 12, 19, 56.

Zum Ritter St. Georg
○ Alte Knochenhauerstr. 13; Eckgebäude; geschlossene Bebauung.
○ Erbaut 1489; Bauherr H. Haverland; Zwerchhaus um 1700; straßenseitig barocke EG-Wand mit Fenstern im spätgot. Stil (um 1860); Umbau 1984–85; Architekt R. Schadt.
○ 15/17 Konstruktionsachsen; 3 Geschosse (hofseitig nur 1. OG – leicht – vorkragend); Treppenfries; Figurenknaggen; trauf-/giebelständig; Satteldach.
○ Fachwerkbau, geputzte Gefache; Ziegel-Mauerwerk; Dachziegelbehang
○ Bedeutendstes noch erhaltenes mittelalterliches Fachwerkhaus in BS.
Lit.: 12, 19, 35, 56.

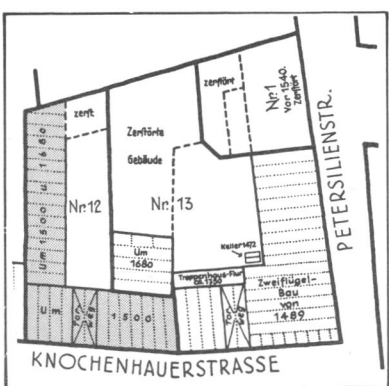

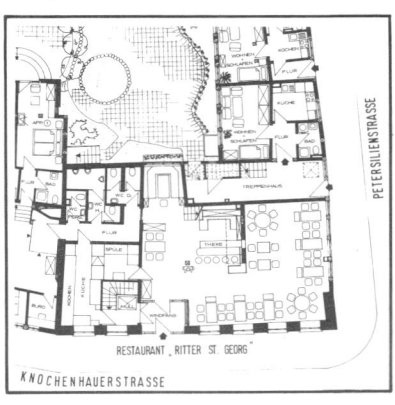

Innenstadt – Mittelalter

Kemenate
○ Hagenbrücke 5; jetzt freistehend.
○ Erbaut 13. Jh.; urspr. mit Fachwerkanbau unter gemeinsamem Dach; nach Kriegszerstörung (1944) vereinfacht renoviert.
○ 2 Geschosse; nur durch Wandöffnungen gegliederte Fassaden; Maueransatz an der Straßen-Seite urspr. zum Anbau gehörend; Fenster größtenteils mit giebelförmigem Sturz; jetzige Rundbogenfenster der Straßen-Seite urspr. Zugänge zum Anbau; Satteldach mit Gaube.
○ Fast quadratischer Raum je Geschoß.
○ Bruchstein-Mauerwerk.
○ Besterhaltene der (einst über 100) Kemenaten in BS.
Lit.: 9, 12, 19, 35, 56.

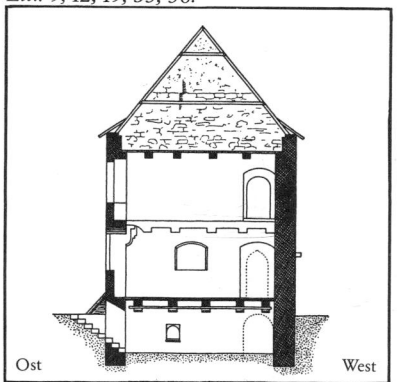

Wohn- und Geschäftshaus
○ Ackerhof 2; von 3 Straßen umgeben; geschlossene Bebauung.
○ Erbaut 1432; barocke Dachumgestaltung.
○ 10/7 Konstruktionsachsen; 2 Geschosse (schwache Vorkragungen); Jahreszahl an der nördl. Giebelseite eingeschnitzt; traufständig; barock gestuftes Satteldach mit Gauben; sym. angeordnetes Zwerchhaus.
○ Inneres größtenteils umgebaut.
○ Fachwerkbau, geputzte Gefache; Dachziegelbehang (Teile der Giebel).
○ Die eingeschnitzte Jahreszahl ist der älteste erhalten gebliebene Schmuck an einem Fachwerkhaus in BS.
Lit.: 19, 35, 56.

Wohn- und Geschäftshaus
○ Ölschlägern 13; geschlossene Bebauung.
○ Erbaut 1488; Umbau 1980; Architekten U. Böttger, K. Orlich und C. Sandleben; Bauherrin H. Röser.
○ 7 Konstruktionsachsen; 3 Geschosse (starke Vorkragungen); traufständig; Satteldach.
○ Die unteren beiden Geschosse räumlich zusammengefaßt, die herausgenommene Decke durch einen waagerecht liegenden Stahlrost wieder angedeutet.
○ Fachwerkbau, geputzte Gefache; Stahl.
○ Peter-Joseph-Krahe-Preis 1982.
Lit.: 6, 12.

Wohnhaus
○ Hinter der Magnikirche 1; geschlossene Bebauung.
○ Erbaut 1466 oder um 1510; Zwerchhaus und Fassade 2. OG 1645; Neugestaltung des Hausinneren 1650; 1916 hierher versetzt (zuvor Ölschlägern 29), dabei um 4 Konstruktionsachsen verkürzt sowie Fassadenaufbau und Grundrisse geändert.
○ 10 Konstruktionsachsen; 3 Geschosse (starke Vorkragungen); Treppenfries; Laubstab; Kerb- und Volutenknaggen; traufständig; Satteldach mit 2 Gauben; Zwerchhaus mit Türluke.
○ Fachwerkbau, geputzte Gefache.
Lit.: 9, 12, 19, 35, 49, 56.

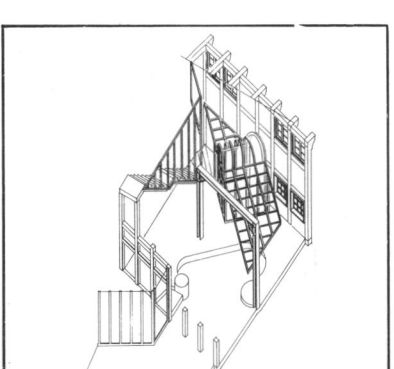

Wohn- und Geschäftshaus
○ Am Magnitor 1; von 4 Straßen umgeben; freistehender Gebäudekomplex.
○ Erbaut um 1490; später dreimal erweitert (z. B. 2. Hälfte 16. Jh.); Zwerchhaus 18. Jh.; neuzeitlich umgestaltetes EG.
○ 10 Konstruktionsachsen (Hauptgebäude); 2 und 3 (Nebengebäude) Geschosse; Treppenfries; Figuren- und Kerbknaggen; trauf-/giebelständig; Satteldächer.
○ Fachwerkbau, geputzte Gefache; Dachziegelbehang (Giebel).
○ Ständer des östl. Nebengebäudes mit für BS einzigartigen Dreieckskerben (Zimmermannsmarken).
Lit.: 9, 12, 19, 56.

Wohnhaus
○ Ritterstr. 24; geschlossene Bebauung (südl. Nachbargrundstück z. Z. nicht bebaut).
○ Erbaut um 1500.
○ 5 Konstruktionsachsen; 3 Geschosse (1. OG als ZG, 2. OG stark vorkragend); Treppenfries; Satteldach; sym. angeordnetes Zwerchhaus.
○ Fachwerkbau, geputzte Gefache; Dachziegelbehang (Südgiebel ab 2. OG).
Lit.: 12, 19, 56.

Wohn- und Geschäftshaus
○ Kleine Burg 11–13; geschlossene Bebauung.
○ Erbaut vor 1500.
Lit.: 12, 56.

Wohn- und Geschäftshaus
○ Vor der Burg 5; geschlossene Bebauung.
○ Erbaut um 1500 (1543 ?); Bauherr F. Schoeneboem.
Lit.: 19.

Geschäftshaus
○ Vor der Burg 10; geschlossene Bebauung.
○ Erbaut 16. Jh.
Lit.: 19.

Geschäftshaus
○ Neue Str. 2; geschlossene Bebauung.
○ Erbaut um 1450.

Geschäftshaus
○ Neue Str. 4; geschlossene Bebauung.
○ Erbaut um 1500.
Lit.: 19.

Kemenate
○ Eiermarkt 3; freistehendes Hinterhaus.
○ Erbaut 13. Jh.
Lit.: 9.

Kemenate
○ Reichsstr. 36; Hinterhaus.
○ Erbaut 13. Jh.; Fenster von 1878.
Lit.: 35.

Geschäftshaus
○ Ackerhof 1 (Seitengebäude am Ölschlägern); geschlossene Bebauung.
○ Erbaut 1444.
Lit.: 12, 19.

Wohnhaus
○ Hinter der Magnikirche 4; geschlossene Bebauung.
○ Erbaut 1514 (ehem. Kohlmarkt 5).
Lit.: 9, 19, 56.

Wohnhaus
○ Hinter der Magnikirche 5; geschlossene Bebauung.
○ Erbaut 15. Jh.
Lit.: 9, 19, 56.

Wohn- und Geschäftshaus
○ Hinter Ägidien 4; geschlossene Bebauung.
○ Erbaut 2. Hälfte 15. Jh.

Altstadtrathaus

○ Altstadtmarkt 7; Eckgebäude; nach Westen geschlossene Bebauung.
○ Südflügel 13. Jh.; dessen Südgiebel 1347 neu gestaltet; Erweiterung nach Norden um 1350; Ostflügel und Lauben des Südflügels 1393–96; Umbau und Lauben des Ostflügels 1447–68; Anbau des Autorshofes an Ostflügel im 17. Jh.; 1887 Renaissanceportal von An der Martinikirche 5 an Südgiebel versetzt; 1983/84 Neubau des 1944 kriegszerstörten Autorshofes unter Verwendung des urspr. Renaissancegiebels; Architekt D. Quiram.
○ 2 Geschosse; zum Platz beide Gebäudeflügel mit je vierachsigen, zweigeschossigen Laubenvorbauten (im EG Spitzbögen, im 1. OG Arkaden mit oberen, offenen Maßwerkfüllungen und Wimpergen); Nordseite des Autorshofes flächig mit hochrechteckigem Rundbogenfenster; Satteldächer.
○ Urspr. teilweise offene Hallen im EG; heute EG und 1. OG mit Saalnutzung; EG fast durchweg gewölbt.
○ Bruch- und Werkstein-Mauerwerk; Ziegel-Mauerwerksbau, verputzt (Autorshof).
○ Einer der bedeutendsten got. Rathausbauten in Deutschland; Lauben-Giebel in Anlehnung an flandrische Vorbilder und an den got. Kirchenbau in BS; diese wiederum Vorbild für die Maßwerkgiebel der Apsis von Nr. 26.

Lit.: 6, 9, 12, 35, 49, 56.

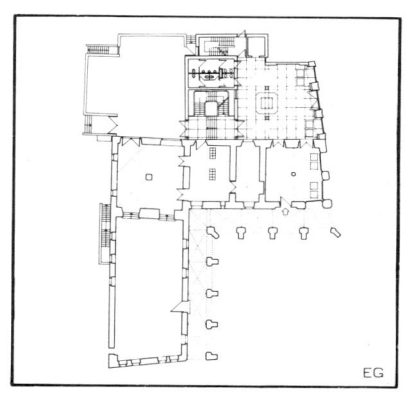

Innenstadt – Mittelalter und Renaissance/Barock

Liberei von St. Andreas
○ An der Andreaskirche 1; freistehend.
○ Erbaut um 1420; Bauherr J. von Ember.
○ 2 Geschosse (niedrigeres EG); Staffelgiebel mit spitzbogigen Blendnischen an Nord- und Südseite; Freitreppe an Nordseite zum OG; Satteldach.
○ Nahezu quadratischer Grundriß; EG heute Steinfigurenmuseum, OG Versammlungsraum (kreuzrippengewölbt).
○ Ziegel-Mauerwerksbau.
○ Eine der ältesten dt. Bibliotheken; südliches Beispiel der Backsteingotik; einziger mittelalterlicher Backsteinbau in BS.
Lit.: 9, 12, 19, 35, 49, 56.

Hofportal (ehem. Nikolaikirche)
○ Friesenstr. 49.
○ Erbaut 1712; Architekt H. Korb; nach Kriegszerstörung (1944) vom Magnitorwall hierher versetzt.
Lit.: 35, 65.

Innenstadt – Renaissance/Barock

Handwerkskammer (ehem. Veltheimsches Haus)
○ Burgplatz 2; geschlossene Bebauung.
○ Erbaut 1573; Bauherr A. von Veltheim.
○ 11 Konstruktionsachsen; 3 Geschosse (starke Vorkragungen); ab 1. OG Erker über 3 Geschosse, mit Windeluke im Giebel; Rollknaggen; Laubstab; im Hof polygonaler Treppenturm; traufständig; Satteldach.
○ Fachwerkbau, geputzte Gefache.
○ Sonst in BS nicht feststellbare Fachwerk-Ornamentik (Knaggen mit Blattornamenten).
Lit.: 9, 12, 19, 35, 49, 56.

Gildehaus (Huneborstelsches Haus)
○ Burgplatz 2 A; geschlossene Bebauung.
○ Erbaut 1901 (Verwendung von Originalteilen der Fassade und des Dachstuhls vom ehem. Haus Sack 5; erbaut um 1530; Bauherr F. Huneborstel); Architekten L. Winter und O. Rasche.
○ 10 Konstruktionsachsen vom Ursprungsbau, ab 2. OG; 4 Geschosse (1. OG als ZG); traufständig; Satteldach mit Gauben; Zwerchhaus; Windeluken.
○ Im Dachraum altes Winderad erhalten.
○ Ziegel-Mauerwerksbau, vorgeblendete Fachwerk-Fassade (geputzte Gefache).
○ Bedeutendes Fassadenschnitzwerk (Bezug nach Häusern in Celle und Goslar).
Lit.: 9, 12, 19, 35, 49, 53, 56.

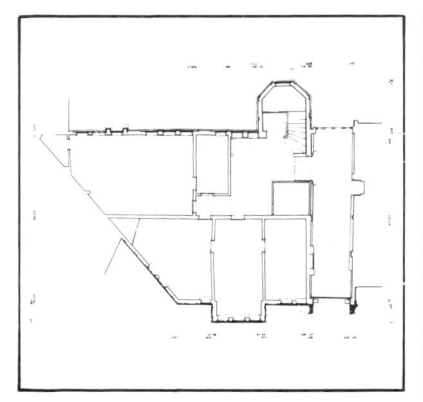

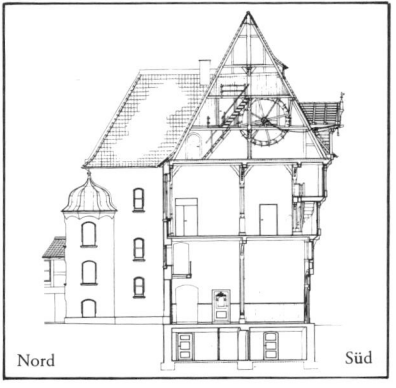

Innenstadt – Renaissance/Barock

Lehrlingsheim
○ Burgplatz 2 A; Hinterhaus; geschlossene Bebauung.
○ Erbaut um 1535 oder um 1550; 1907 abgebrochen am Sack 8–9, hier wiederaufgebaut mit veränderter Fassadenaufteilung.
○ 15 Konstruktionsachsen; 4 Geschosse (1. OG als ZG, starke Vorkragungen, rückseitig nur 3. OG – leicht – vorkragend); Fächerrosetten; Trapezfries; traufständig; Satteldach mit Gauben; Zwerchhaus und 3. OG mit Windeluke.
○ Fachwerkbau, geputzte Gefache.
○ Für BS ungewöhnliche Ausbildung der Brüstungen im 3. OG.
Lit.: 12, 19, 35, 56.

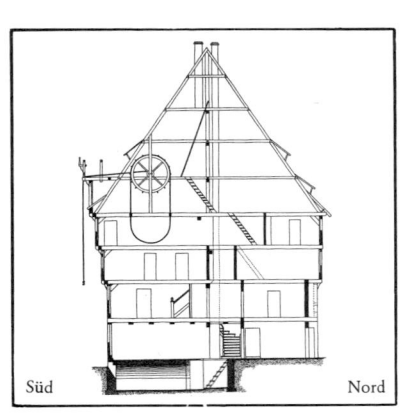

Haus zur Rose
○ Kohlmarkt 1; geschlossene Bebauung.
○ Erste Gebäudeteile (mit Kemenate) um 1268; Erweiterungen 1309 und um 1590 (Neugestaltung Platz-Fassade); Architekt Wolters (?); Fassadenänderung im EG.
○ 3 Geschosse (und dreigeschossiger Giebel); sym. Fassade; EG mit 2 rundbogigen Wandöffnungen; sonst Segmentbogen-Fenster (im 1. und 2. OG je 2 gepaarte); Giebel mit Renaissanceeinfassungen; giebelständig; Satteldach.
○ Ziegel-Mauerwerksbau, verputzt.
○ Fassaden-Ornamentik und -Gliederung in Anlehnung an Westgiebel von Nr. 74.
Lit.: 12, 19, 35, 49, 56.

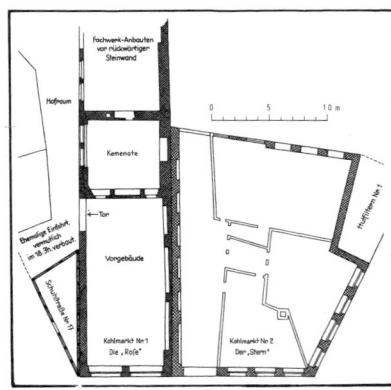

Wohn- und Geschäftshaus
○ Ziegenmarkt 7; Eckgebäude; geschlossene Bebauung.
○ Erbaut 2. Hälfte 16. Jh. (got. Ursprünge); Umbau und Erweiterung 1623; Umbau 1985; Architekt J. Lepper; Bauherr J. Carlson.
○ 8/10 (+ 11) Konstruktionsachsen; 3 Geschosse (2. OG stark vorkragend); Laubstab; traufständig; Satteldächer; Zwerchgiebel am Ziegenmarkt.
○ Ladeneingang eingezogen, davor von beiden Seiten zugängliche Passage mit Schaufenstern.
○ Fachwerkbau, geputzte Gefache.
Lit.: 6, 12, 35, 56.

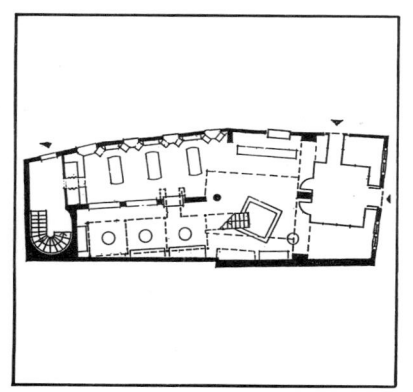

Studentenwohnheim „Russische Botschaft"
○ Jakobstr. 1A; geschlossene Bebauung.
○ Erbaut 1561; Bauherr J. und A. Kale; um 1700 Einbau des Festsaales; 1973 Umbau (Verlegung des Eingangs an urspr. Rückseite, Fassadenumgestaltungen); Architekt J. Herrenberger; Bauherr Studentenwerk BS.
○ 22 Konstruktionsachsen; 3 Geschosse (nur ehem. Vorderseite mit – starken – Vorkragungen); traufständig; Satteldach mit Gauben; rückseitiges Zwerchhaus.
○ 19 Wohnungen mit 50 Betten.
○ Fachwerkbau, geputzte Gefache.
○ Längstes erhaltenes Fachwerkhaus in BS; z.T. einmalige Verzierungen.
Lit.: 6, db 5.1979, 19, 35, 54.

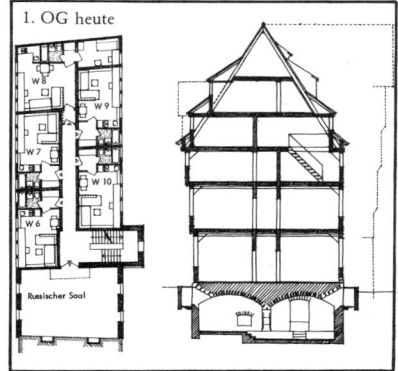

Stechinelli-Haus

○ Altstadtmarkt 8; Eckgebäude; geschlossene Bebauung.
○ Erbaut um 1630; um 1690 umgebaut (dabei Fachwerk im 3. OG weitgehend entfernt); Bauherr F. Stechinelli; nach Kriegszerstörung (1944) unter Verwendung alter Bauteile wiederaufgebaut.
○ 4 Geschosse; Portal mit 2 ionischen Säulen; Fenster zum Platz im 1. und 2. OG giebelbekrönt; traufständig; Satteldach mit Gauben; je 1 Zwerchhaus an beiden Seiten.
○ Ziegel-Mauerwerksbau, verputzt.
○ Spätrenaiss. im Übergang zum Barock.
Lit.: 12, 19, 35, 49, 56.

Haus zur Hanse

○ Güldenstr. 7; Eckgebäude; geschlossene Bebauung.
○ Erbaut um 1567; um 1867 Spitzgauben und zusätzliches Schnitzwerk.
○ 17 Konstruktionsachsen; 3 Geschosse (nur 2. OG vorkragend); Laubstab; Rollknaggen; trauf-/giebelständig; Satteldach; 2 Zwerchhäuser.
○ Fachwerkbau, Gefache mit Schnitzwerk bzw. geputzt.
○ Spitzgauben ortsfremd.
Lit.: 9, 12, 19, 35, 49, 56.

Innenstadt – Renaissance/Barock

Verwaltungsgebäude
○ Reichsstr. 3; geschlossene Bebauung.
○ Erbaut 1626–30 (wahrscheinlich unter Verwendung älterer Reste); Architekt U. Stamm; Bauherr G. Achtermann; nach Kriegszerstörung (1944) ohne Fachwerk im 2. OG und Zwerchhaus wiederaufgebaut.
○ 3 Geschosse (2. OG vorkragend); Portal und Erker mit plastischem Schmuck; im EG von Obelisken, im 1. OG von Masken durchbrochene Giebel über den Fenstern; traufständig; Satteldach.
○ Ziegel-Mauerwerksbau, verputzt.
○ Bedeutende Renaissancefassade, außerordentlich reich dekoriert.
Lit.: 6, 12, 19, 35, 49, 56.

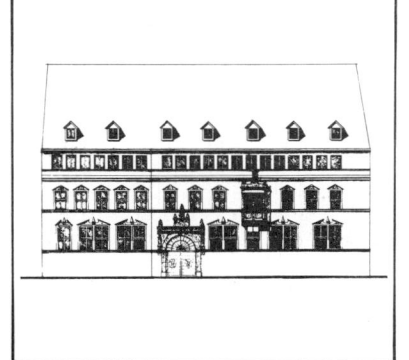

Wohn- und Geschäftshaus
○ Vor der Burg 6; geschlossene Bebauung.
○ Erbaut um 1750.

Geschäftshaus
○ Vor der Burg 9; geschlossene Bebauung.
○ Erbaut um 1650.

Geschäftshaus
○ Sack 3; Eckgebäude; geschlossene Bebauung.
○ Erbaut um 1780.

Geschäftshaus
○ Neue Str. 5; geschlossene Bebauung.
○ Erbaut um 1560 (Reste von Sonnenstr. 10–11).
Lit.: 19.

Wohn- und Geschäftshaus
○ Schuhstr. 1–3; geschlossene Bebauung.
○ Erbaut 1686.
Lit.: 55, 56.

Geschäftshaus
○ Schuhstr. 17; geschlossene Bebauung.
○ Erbaut um 1590.
Lit.: 12, 19.

Geschäftshaus
○ Hutfiltern 2; geschlossene Bebauung.
○ Erbaut um 1750.

Geschäftshaus
○ Hutfiltern 3; geschlossene Bebauung.
○ Erbaut um 1750.

Wohn- und Geschäftshaus
○ Kohlmarkt 10; geschlossene Bebauung.
○ Erbaut um 1760; 1976 saniert; Architekten A. Hafkemeyer, K. Fangmeier und F. Richi; Bauherr J. Carlson.
Lit.: 55, 56.

Innenstadt – Renaissance/Barock

Geschäftshaus
○ Ziegenmarkt 1; geschlossene Bebauung.
○ Erbaut um 1750; 1978 saniert; Architekten A. Hafkemeyer, K. Fangmeier und F. Richi; Bauherr J. Carlson.
Lit.: 6, 55, 56.

Museum für mechanische Musikinstrumente
○ Ziegenmarkt 2; geschlossene Bebauung.
○ Erbaut 1757–58; Architekt G. C. Sturm; Bauherr Lammann; 1978 saniert; Architekten A. Hafkemeyer, K. Fangmeier und F. Richi; Bauherr J. Carlson.
Lit.: 6, 55, 56.

Wohn- und Geschäftshaus
○ Ziegenmarkt 3; geschlossene Bebauung.
○ Erbaut um 1750.

Ehem. Sozialamt
○ Turnierstr. 5–6; geschlossene Bebauung..
○ Erbaut nach 1621.
○ Soll in den geplanten Baukomplex der Staatsanwaltschaft eingebunden werden.
Lit.: 19, 35.

Wohn- und Geschäftshaus
○ Steinstr. 3; geschlossene Bebauung.
○ Erbaut 1675; (2. OG nicht mehr vorhanden).

Wohn- und Geschäftshaus
○ Güldenstr. 1; Eckgebäude; geschlossene Bebauung.
○ Erbaut um 1550; nur noch 2 Geschosse erhalten.
Lit.: 19.

Wohn- und Geschäftshaus
○ Prinzenweg 5; geschlossene Bebauung (östl. Nachbargrundstück nicht mehr bebaut).
○ Erbaut um 1700.

Wohn- und Geschäftshaus
○ Prinzenweg 6; geschlossene Bebauung.
○ Erbaut 1543.

Wohn- und Geschäftshaus
○ Prinzenweg 11; geschlossene Bebauung (östl. Nachbargrundstück nicht bebaut).
○ 2. Hälfte 16. Jh.

Wohnhaus
○ Echternstr. 5; geschlossene Bebauung.
○ Erbaut 1782.

Wohn- und Geschäftshaus
○ Echternstr. 6; geschlossene Bebauung.
○ Erbaut um 1780.

Wohn- und Geschäftshaus
○ Echternstr. 9; geschlossene Bebauung.
○ Erbaut um 1780.

Wohnhaus
○ Echternstr. 10; geschlossene Bebauung.
○ Erbaut um 1780.

Wohn- und Geschäftshaus
○ Echternstr. 11; geschlossene Bebauung.
○ Erbaut um 1750.

Wohnhaus (ehem. Pfarrwitwenhaus)
○ Echternstr. 14–15; geschlossene Bebauung.
○ Erbaut 1559.

Stobwasserhaus
○ Echternstr. 16; geschlossene Bebauung (nördl. Nachbargrundstück nicht bebaut).
○ Erbaut Haupthaus 1787–88; Bauherr J. H. Stobwasser; Nebengebäude um 1660; nördl. Hofflügel 17. Jh., südl. nach 1788 (?).
Lit.: 41.

Innenstadt – Renaissance/Barock

Sozialamt
○ An der Martinikirche 2; geschlossene Bebauung.
○ Erbaut 1759–68; Architekt G. C. Sturm.
Lit.: 35.

Haus „Zu den 7 Türmen"
○ Altstadtmarkt 11; geschlossene Bebauung.
○ Erbaut 1708.
Lit.: 9, 35, 52.

Geschäftshaus
○ Gördelinger Str. 7; geschlossene Bebauung.
○ Erbaut Anfang 18. Jh.; durch zahlreiche Umbauten stark verändert.
Lit.: 35.

Wohn- und Geschäftshaus
○ Breite Str. 18; geschlossene Bebauung.
○ Erbaut 1713.
Lit.: 35.

Portal
○ Reichsstr. 15.
○ Erbaut um 1750.

Portal (ehem. Strombecksches Haus)
○ Gördelinger Str./Bartholomäustwete; jetzt freistehend.
○ Erbaut 1584–90.
Lit.: 35, 55.

Wohn- und Geschäftshaus (ehem. Toreinnehmerhaus)
○ Am Wendentor 1; freistehend.
○ Erbaut um 1740.
Lit.: 41.

Wohn- und Geschäftshaus
○ Langedammstr. 11; geschlossene Bebauung.
○ Erbaut 1647.

Wohn- und Geschäftshaus
○ Ölschlägern 14–15; Eckgebäude; geschlossene Bebauung.
○ Erbaut um 1650.

Wohn- und Geschäftshaus
○ Ölschlägern 19; geschlossene Bebauung.
○ Erbaut um 1740.

Wohn- und Geschäftshaus
○ Ölschlägern 20; geschlossene Bebauung.
○ Erbaut um 1680.

Geschäftshaus
○ Ölschlägern 23; geschlossene Bebauung.
○ Erbaut um 1600.

Wohn- und Geschäftshaus
○ Ölschlägern 24–25; geschlossene Bebauung.
○ Erbaut um 1760.

Wohn- und Geschäftshaus
○ Ölschlägern 26; geschlossene Bebauung.
○ 1976 umgebaut und erweitert (urspr. 2 Geschosse) unter Verwendung von Orginalteilen von 1767; Architekten H. Laskowski, F. Schneidewind; Bauherr E. Keiner.

Wohnhaus
○ Magnikirchstr. 5; Eckgebäude; geschlossene Bebauung.
○ Erbaut um 1650.

Wohnhaus
○ Magnikirchstr. 6; geschlossene Bebauung.
○ Erbaut um 1650.

Innenstadt – Renaissance/Barock

Ev. Pfarramt St. Magni
○ Hinter der Magnikirche 7; freistehend.
○ Erbaut 1705.
Lit.: 19, 56.

Wohn- und Geschäftshaus
○ Am Magnitor 4; geschlossene Bebauung.
○ Erbaut um 1700.

Methfesselhaus
○ Am Magnitor 7; geschlossene Bebauung.
○ Erbaut 1806; Fassade 1812 umgestaltet.
○ Fassade im Stil süddt. Rokokos.
Lit.: 9, 56.

Wohn- und Geschäftshaus
○ Am Magnitor 10–11; geschlossene Bebauung.
○ Erbaut 1590.
○ Reiche Renaiss.-Dekoration.
Lit.: 12, 19, 56.

Wohn- und Geschäftshaus
○ Am Magnitor 13; geschlossene Bebauung.
○ Erbaut um 1700.

Geschäftshaus
○ Am Magnitor 14; geschlossene Bebauung.
○ Erbaut um 1780.

Wohnhaus
○ Ritterstr. 20; geschlossene Bebauung.
○ Erbaut um 1700.

Altenwohnheim
○ Ritterstr. 21; geschlossene Bebauung.
○ Erbaut um 1740.

Wohnhaus
○ Ritterstr. 22; geschlossene Bebauung.
○ Erbaut um 1650.
Lit.: 56.

Wohn- und Geschäftshaus
○ Ritterstr. 23; geschlossene Bebauung.
○ Erbaut 1608.
○ Vergleichbar mit Nr. 70.4.
Lit.: 12, 56.

Wohn- und Geschäftshaus
○ Mandelnstr. 2; geschlossene Bebauung.
○ Ursprungsbau von 1644; nach Kriegszerstörung (1944) Fassade 1974 auf neu gestaltetem EG wieder errichtet; Architekt H. Uhde; Bauherr E. Morel.
Lit.: 55, 56.

Wohnhaus
○ Mandelnstr. 4; geschlossene Bebauung.
○ Erbaut um 1700.

Leisewitzhaus
○ Ägidienmarkt 12; Eckgebäude; geschlossene Bebauung.
○ Erbaut 2. Hälfte 17. Jh.; 1977 von Wallstr. 8 hierher versetzt; Architekten A. Hafkemeyer, K. Fangmeier und F. Richi; Bauherr Kath. Kirchengemeinde St. Nikolai.
Lit.: 55, 56.

Portal
○ Ägidienmarkt 13.
○ Erbaut um 1703.

Wohnhaus
○ Ägidienstr. 5; geschlossene Bebauung.
○ Erbaut um 1540.
Lit.: 9.

Wohnhaus
○ Ägidienstr. 9; geschlossene Bebauung (südl. Nachbargrundstück nicht mehr an der Straßenflucht bebaut).
○ Erbaut 1607; 1975–77 umgebaut und erweitert; Architekten M. Gaertner und Benecken; Bauherren H. und D. Streibel.

Wohn- und Geschäftshaus
○ Hinter Ägidien 1; Eckgebäude; geschlossene Bebauung.
○ Erbaut um 1730.

Spohrhaus
○ Spohrplatz 7; Eckgebäude; geschlossene Bebauung.
○ Kern 15. Jh. und um 1520; 1725 nördl. Anbau und barocke Fassadenumgestaltung.
Lit.: 9.

Wohnhaus
○ Lessingplatz 3; geschlossene Bebauung (nördl. Nachbargrundstück nicht bebaut, südl. Nachbargebäude z. Z. Ruine).
○ Erbaut um 1720.
Lit.: 9.

Postwohnheim
○ Leopoldstr. 29; freistehend.
○ Erbaut 1771.
Lit.: 35.

Wasserwirtschaftsamt (ehem. Herzogliche Kriegskasse)
○ Heydenstr.; Eckgebäude; geschlossene Bebauung.
○ Erbaut 1274; Bauherr V. von der Heyde (?); Umbauten 16. (Portal von 1578), 17. Jh. und um 1750 (jetziges Erscheinungsbild).
○ 14 Fensterachsen; 2 Geschosse; Satteldach.
○ Bruchstein- und Ziegel-Mauerwerksbau, verputzt.
○ Zu seiner Entstehungszeit größtes Privathaus in BS; ältestes Renaiss.-Portal in BS.
Lit.: 9, 19, 56.

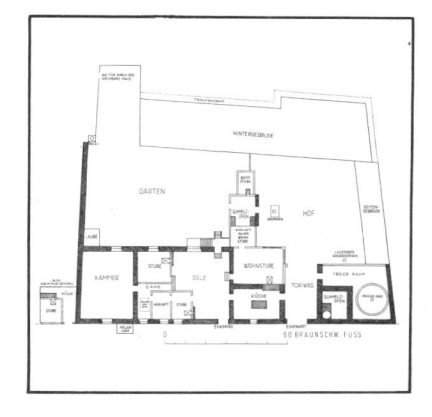

Innenstadt – Renaissance/Barock

Gewandhaus (ehem. Kauf- und Lagerhaus), IHK
○ Altstadtmarkt 1–2; von 3 Straßen umgeben; geschlossene Bebauung.
○ Urspr. Mittelteil Ende 13. Jh.; seit dem 14. Jh. mehrfache Verlängerung nach Osten und Westen; 1589–91 Vorbau von neuer West- bzw. Ostfassade; Architekt H. Lampe; nach Kriegszerstörung (1944) Wiederaufbau 1946–54 (Neugestaltung des Inneren, an die Nordseite Anbau des Renaissanceportals von Hagenmarkt 20 – erbaut 1590 – und des ehem. Rüninger Zolleinnehmerhaus – erbaut 1638 – in Anlehnung an die urspr. vor der ganzen Seite angebauten Fachwerkhäuser); Architekt F.W. Kraemer; Bauherr Stadt BS/IHK.

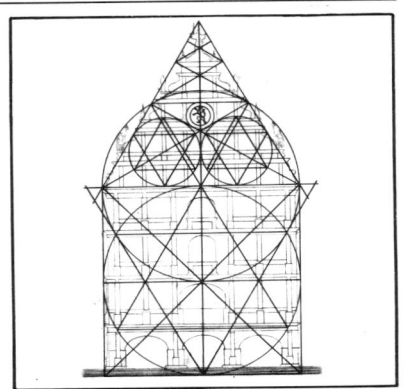

○ Im Westen Renaissancefassade mit gotisierenden Fenstern; an der Nordseite einläufige Freitreppe zum 1. OG; Ostfassade nach strengem geometrischen Regelschema aufgebaut, urspr. ohne Beziehung zur Geschoßeinteilung; vereinzelt noch got. Ziermotive. Giebel-/traufständig; Satteldach.
○ 2 und 3 Geschosse; heutige Nutzung für Versammlungs- und Verwaltungsräume; UG vom urspr. Bau erhalten.
○ Bruch- und Werkstein-Mauerwerk.
○ Ostfassade mit niederl. Einflüssen, gehört zu den bedeutendsten dt. Renaissancefassaden; Wirkung auf Nr. 59.
Lit.: 6, Bm 11.1953, 10, 12, 19, 31, 35, 49, 56, 58.

Innenstadt – Renaissance/Barock

Kammergebäude
○ An der Martinikirche 7; Eckgebäude, geschlossene Bebauung.
○ Erbaut 1764; Architekt E. W. Horn.
○ 5 Fensterachsen; 3 Geschosse (2. OG als Mezzanin); sym. spätbarocke Fassade mit Betonung der Mitte; sparsames Dekor; Pilasterordnung über 1. und 2. OG; leicht vorkragender, geschwungener Balkon vor dem Hauptfenster; Fenster seitlich neben diesem giebelbekrönt; trauf-/giebelständig; Satteldach; Zwerchgiebel.
○ Ziegel-Mauerwerksbau, verputzt (gequadertes EG) und farbig gefaßt.
Lit.: 9, 12, 19, 35, 49, 56.

Neustadtrathaus
○ Küchenstr. 1; freistehend.
○ Kernbau 13. Jh. als Rathaus des Stadtteiles Neustadt. 1773–75 und 1784–86 Umbau und Erweiterung (Beibehaltung des mittelalterlichen Kerns); Architekten G. C. Sturm und E. W. Horn; nach Kriegszerstörung (1944) 1972–75 wiederaufgebaut (verändert); Architekt H.-M. Brumme; Bauherr A. Wiswedel.
○ 2 Geschosse; spätbarocke Fassaden mit leichten Unregelmäßigkeiten; Mittelrisalite an Nord- und Westseite; Walmdach.
○ Ziegel- und Bruchstein-Mauerwerk, verputzt (gequadertes EG).
○ Peter-Joseph-Krahe-Preis 1975.
Lit.: 6, 10, 12, 35, 39, 54, 55, 56.

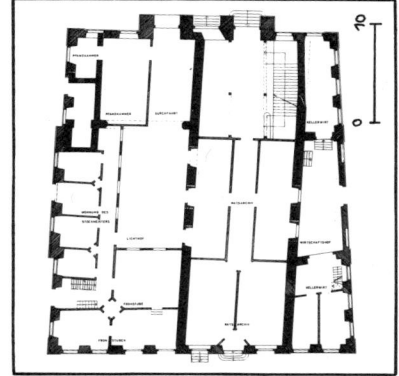

Staatstheater
○ Am Theater 1; freistehend.
○ Erbaut 1859–61; Architekten C. Wolf und H. Ahlburg; Bauherr Herzogtum BS; Osterweiterungen 1902–04 (Architekt H. Seeling) und 1968 (Staatshochbauamt).
○ 2 Geschosse (und zurückgestaffeltes DG); Haupteingangsseite mit Mittelrisalit und davor gestellter, urspr. offener Vorhalle; Gurtgesims und konsolengestütztes, attikaüberhöhtes Kranzgesims umlaufend; flachgeneigtes Satteldach.
○ Ziegel-Mauerwerksbau; Werkstein.
○ Fassadengestaltung in Anlehnung an die Florentiner Frührenaiss.
Lit.: 6, 12, 49, 54, 56.

Jüdisches Gemeindehaus
○ Steinstr. 4; Eckgebäude; geschlossene Bebauung.
○ Erbaut 1875; Architekt C. Uhde; Bauherr Jüdische Gemeinde.
Lit.: 9, 56, 57.

Vieweghaus (heute Landesmuseum)
○ Burgplatz 1; von 2 Straßen und Burgplatz umgeben; geschlossene Bebauung.
○ Erbaut 1799–1804; Architekt D. und/oder F. Gilly (?); Bauherr F. Vieweg; 1982 bis 85 umgebaut; Architekten H. Röcke und D. Quiram; Bauherr Land Niedersachsen.
○ 3 Geschosse (2. OG als Mezzanin); Betonung der Mitten (Mittelrisalite) und Horizontalen (Gesimsband).
○ Trapezförmiger Grundriß; ehem. Innenhof heute überdacht (Forum).
○ Ziegel-Mauerwerksbau, verputzt.
○ Beim Umbau wertvolle innere Elemente dieses frühklassiz. Baus zerstört.
Lit.: 6, 9, 12, 35, 38, 49, 56.

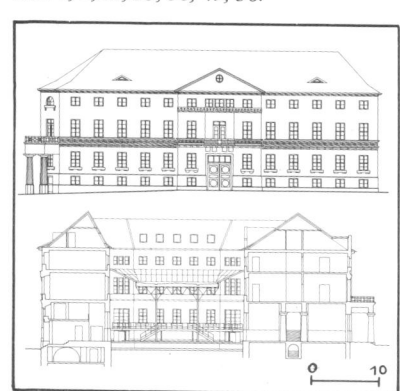

Wohn- und Geschäftshaus
○ Vor der Burg 2–4; geschlossene Bebauung.
○ Entstehungszeit um 1801–03; Architekt H. L. Rothermundt.
○ 13 Fensterachsen; 3 Geschosse; Mittelteil gerahmt von leicht vorspringenden, zwerchgiebelbekrönten Risaliten; Betonung der Mitten; Verbindung von Gurtgesims und Brüstung; Kranzgesims; traufständig; Satteldach.
○ Ziegel-Mauerwerksbau, verputzt.
○ Fassadengestaltung in Anlehnung an Nr. 80.
Lit.: 12, 35, 41, 56.

Bankhaus Marcard & Co (ehem. Villa von Amsberg)
O Friedrich-Wilhelm-Platz 3; freistehend.
O Erbaut 1827; Architekt P. J. Krahe; Bauherr von Amsberg.
O 2 Geschosse auf hoch herausgehobenem UG; sym. Platz-Fassade mit Betonung der Mitte; zweiarmige Freitreppe führt zu säulenbegrenzter Vorhalle (eingeschossig, urspr. offen); horizontale Gliederung durch umlaufende Gesimse; flachgeneigtes Walmdach mit Gaube an der Platzseite.
O Ziegel-Mauerwerksbau, verputzt.
Lit.: 12. 56.

Wohnhaus
O Wilhelmitorwall 29; freistehend.
O Erbaut 1841; Architekt C. T. Ottmer; Bauherr H. J. Schade; nachträglich erweitert.
O 2 Geschosse; sym. Fassaden; an der Straßenseite Mittelteil mit Pilaster-Arkaden über 2 Geschosse und Fensterädikulen im EG; flachgeneigtes Walmdach.
O Sym. Grundriß (zwischen 2 Seitenflügeln kürzerer, aber breiterer Mittelteil).
O Ziegel-Mauerwerksbau, verputzt (gequadert).
O Eine der bedeutendsten klassiz. Villen in BS.
Lit.: 6, 12, 56.

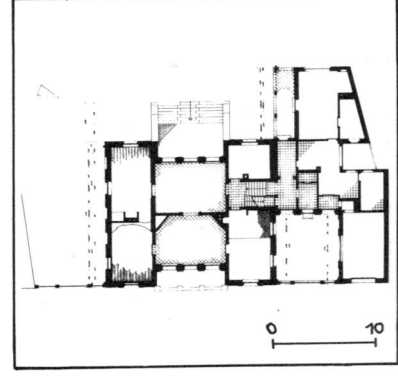

Innenstadt – Klassizismus/Historismus

Villa Bülow (Georg-Eckert-Institut)
○ Celler Str. 3; freistehend.
○ Erbaut 1839; Architekt C. T. Ottmer; Bauherr von Bülow; 1979–81 umgebaut, dabei Inneres nahezu vollständig verändert; Architekten J. Herrenberger und J. Miehe; Bauherr Land Niedersachsen.
○ 3 Geschosse; turmartig überhöhte Eckrisalite; flachgeneigte Walmdächer.
○ 4 Geschosse; Arbeits- und Konferenzräume; Bibliothek.
○ Ziegel-Mauerwerksbau, verputzt.
○ Anlehnung an den Typ der ital. Renaiss.-Villa; Einflüsse von K. F. Schinkel (Schloß Tegel).
Lit.: 6, 12, 56.

Villa Löbbecke (Gästehaus der TU)
○ Inselwall 11; freistehend.
○ Erbaut 1881; Architekt C. Uhde; Bauherr A. Löbbecke; nach Kriegszerstörung (1944) 1967–68 verändert wiederaufgebaut; Architekt J. Herrenberger; Bauherr Braunschweigischer Hochschulbund.
○ 2–5 Geschosse; z. T. sym. Südseite; Mittelteil mit auf Säulenpaaren ruhenden Rundbögen und dahinter liegender Loggia im EG; Eckrisalite (der östl. turmartig überhöht); die übrigen Fassaden zeitgemäß umgestaltet; Flachdächer.
○ 19 Wohnungen mit 45 Gästebetten.
○ Ziegel- und Bruchstein-Mauerwerk.
○ Peter-Joseph-Krahe-Preis 1970.
Lit.: 4, 6, 12, 54, 56, 57.

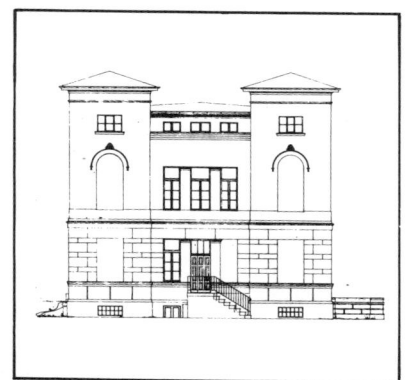

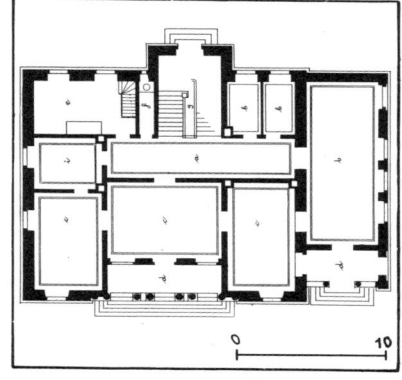

Wohnhaus

○ Wendentorwall 7; freistehend.
○ Erbaut 1823 oder 1827; Architekt P. J. Krahe.
○ 5 Fensterachsen; 2 Geschosse; sym. Straßenseite mit Betonung der Mitte; die mittleren 3 Fenster im 1. OG mit in den Brüstungsnischen eingestellten Balustern; Gurtgesims; Zwerchgiebel (als Segmentgiebel) mit Halbkreisfenster; Walmdach.
○ Lehm-Stampfbauweise, geputzt.
Lit.: 12, 35, 56.

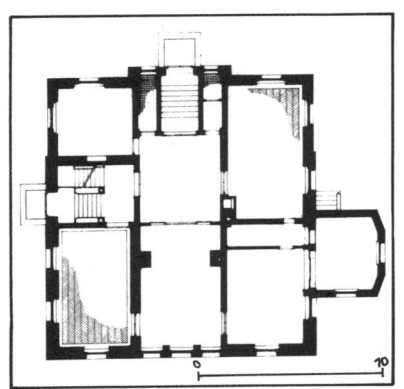

Haeckelsches Gartenhaus

○ Theaterwall 19; freistehend.
○ Erbaut 1804/05; Architekt P. J. Krahe; Bauherr J. P. von Haeckel; nachträglich verändert.
○ 2 Geschosse (1. OG als Mezzanin); an der Nordseite urspr. offene Loggia mit 2 eingestellten dorischen Säulen; umlaufender Fries; flachgeneigtes Walmdach.
○ Ehem. Loggia und dahinter liegender Gartensaal über 2 Geschosse; seitlich Schlaf- und Wirtschaftsräume.
○ Fachwerkbau, verputzt.
○ Aus dem Portikusmotiv entwickelter Bau vom Typ des ital. Casinos; bei Nr. 115 wiederholt.
Lit.: 12, 14, 50, 56.

Wohn- und Geschäftshaus
○ Kuhstr. 34–35; Eckgebäude; geschlossene Bebauung.
○ Erbaut 1889 (Verwendung der Schwellen und Figurenknaggen des Ursprungbaus von 1484); Architekten C. Braun und F. Schönemann; Bauherren H. Voges und H. Gerecke.
○ 3 und 4 Geschosse (2. und 3. OG stark vorkragend); traufständig; Satteldach mit Gauben; je 1 Zwerchhaus an der Kuhstr. und der abgeschrägten Ecke.
○ Ziegel-Mauerwerksbau, verputzt; Fachwerk, gemauerte Gefache.
Lit.: 12, 19, 35, 56.

Geschäftshaus
○ Löwenwall 8; freistehend.
○ Erbaut 1864; Architekt Ebeling.
○ 7 Fensterachsen; 2 Geschosse; oben durch flachen Giebel abgeschlossener Mittelrisalit mit Pilasterstellung im 1. OG; Gurtgesims; flachgeneigtes Walmdach.
○ Ziegel-Mauerwerksbau, verputzt (EG gequadert).
○ In Anlehnung an die klassiz. Bauten von C. T. Ottmer.
Lit.: 12, 56.

Sozialgericht (ehem. Villa Rimpau)
○ Wolfenbütteler Str. 2; freistehend.
○ Erbaut 1881; Architekt C. Uhde; Bauherr A. Rimpau.
○ 2 Geschosse; sym. Straßenseite; Mittelrisalit mit 4 kannelierten ionischen Säulenpaaren im 1. OG; Rundbogenöffnungen im EG; übrige Fassaden unregelmäßig gegliedert; Gurtgesims; attikaüberhöhtes Kranzgesims; flachgeneigtes Walmdach.
○ Runde Eingangshalle.
○ Ziegel-Mauerwerksbau, Werkstein.
○ Fassadengestaltung in Anlehnung an die ital. Hochrenaiss.; Einflüsse von P. J. Krahe und G. Semper.
Lit.: 6, 12, 56, 57.

Städtische Musikschule
○ Augusttorwall 5; freistehend.
○ 1835–36 errichtet als eingeschossige Villa auf Rechteck-Grundriß mit zweigeschossigem, turmbekrönten Mittelteil; Architekt F. M. Krahe; Bauherr D. W. Krause; nachträglich verändert und erweitert.
○ 2 Geschosse; stark gegliederter Baukörper mit einer Vielzahl von gotisierenden Formenelementen (u. a. Maßwerk).
○ Ziegel-Mauerwerksbau, verputzt (gequadert).
○ Beeinflußt von C. T. Ottmers frühen neugot. Bauten; im „anglogermanischen Styl" englischer Landhäuser.
Lit.: 12, 14, 56, 62.

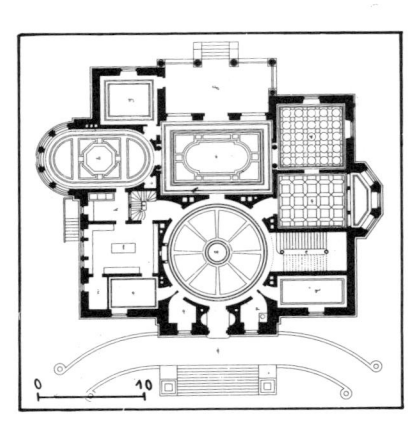

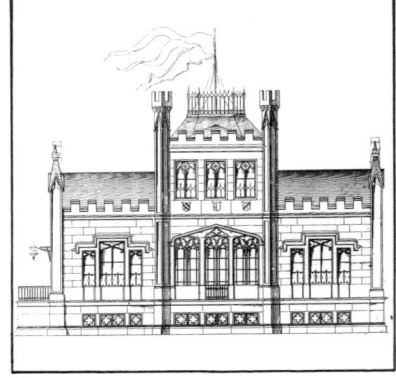

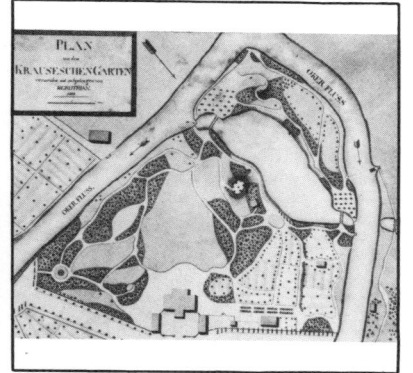

Salve Hospes

○ Lessingplatz 12; freistehender, sym. Gebäudekomplex aus Hauptgebäude und 2, mit diesem einen Vorhof bildenden Nebengebäuden.
○ Erbaut 1805–08; Architekt P. J. Krahe; Bauherr D. W. Krause.
○ Hauptgebäude: 2 Geschosse auf fast geschoßhoch herausgehobenem UG; an der Platzseite ein durch einen flachen Giebel oben abgeschlossener Mittelrisalit; davor dreiarmige Freitreppe; 2 ionische Säulen in der Portalnische; in dessen Breite über dem mit Inschrift versehenen Fries ein Halbkreisfenster; an der Südseite breiterer Mittelrisalit mit Rundbogenloggia über 2 Geschosse; zweiarmige Freitreppe in den Garten. West- und Ostseite mit je 3 Fensterachsen und mittleren Balkonen; sparsames Dekor; flachgeneigtes Walmdach. Nebengebäude: 2 Geschosse (1. OG als Mezzanin); zum Vorhof Arkaden mit gedrungenen dorischen Säulen.
○ Sym. Grundriß; Vorhalle als bedeutendster Raum (zweigeschossig, rund, mit 4 halbrunden Statuen-Nischen und Empore).
○ Ziegel-Mauerwerksbau, verputzt.
○ Ein Hauptwerk des Frühklassiz. in Deutschland; beeinflußt von H. Gentz sowie D. und F. Gilly; wirkte auf die Architektur in BS bis nach 1850.
Lit.: 6, 9, 12, 14, 15, 35, 49, 56.

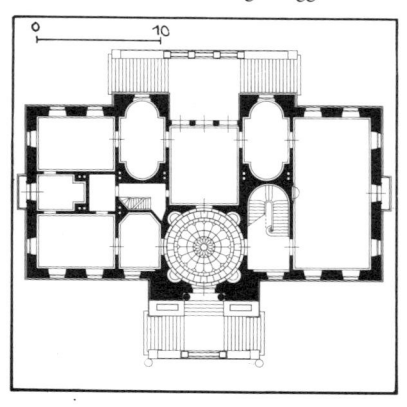

Verwaltungsgebäude
○ Lessingplatz 13; freistehend.
○ Erbaut 1884 (als Orangerie geplant); Architekt F. M. Krahe; Bauherr H. Hollandt; nachträglich erweitert.
○ 7 Fensterachsen; 3 Geschosse (2. OG als Mezzanin); im 1. OG Fensterädikulen mit abwechselnd Segment- und Dreiecksgiebeln als oberem Abschluß; Kranzgesims mit Fenstern im Fries; flachgeneigtes Walmdach.
○ Ziegel-Mauerwerksbau; Werkstein (Rustika-EG).
○ Fassadengestaltung in Anlehnung an die ital. Hochrenaiss.
Lit.: 6, 12, 56.

Altes Waisenhaus
○ Hinter Liebfrauen 1A; Eckgebäude; geschlossene Bebauung.
○ Erbaut 1784–87; Architekt K. C. W. Fleischer.
○ 25 Fensterachsen; 2 Geschosse; leicht vorspringender Mittelrisalit (mittiger Rundbogen im EG, vertikal durch Putzplatten verbundene Fenster und oberer Giebel); sehr zurückhaltendes Dekor; traufständig; Satteldach.
○ Ziegel-Mauerwerksbau, verputzt.
○ Ältestes, in BS noch erhaltenes Gebäude des Frühklassiz.
Lit.: 12, 35, 41, 56.

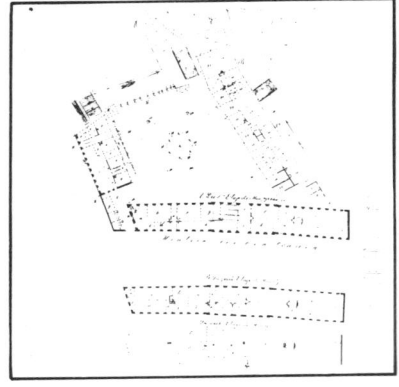

Innenstadt – Klassizismus/Historismus

Hotel Deutsches Haus
○ Ruhfäutchenplatz 1; von 3 Straßen umgeben; geschlossene Bebauung; durch geschlossenen Brückengang mit Nr. 106/107 verbunden.
○ Erbaut 1896–97; Architekten Rasche und Kratzsch; nach Kriegszerstörung (1944) DG vereinfacht wiederaufgebaut.
Lit.: 56.

Geschäftshaus
○ Papenstieg 1; Eckgebäude; geschlossene Bebauung.
○ Erbaut um 1800.

Wohn- und Geschäftshaus (ehem. Dompredigerhaus)
○ Vor der Burg 1; Eckgebäude; geschlossene Bebauung.
○ Erbaut 1798; Architekt H. L. Rothermundt.
Lit.: 41.

Geschäftshaus
○ Vor der Burg 15; geschlossene Bebauung.
○ Erbaut um 1820.

Wohn- und Geschäftshaus
○ Vor der Burg 16; geschlossene Bebauung.
○ Erbaut um 1820.

Geschäftshaus
○ Neue Str. 3; geschlossene Bebauung.
○ Erbaut um 1820.

Hofapotheke
○ Schuhstr. 4; Eckgebäude; geschlossene Bebauung.
○ Ursprungsbau von 1822; 1884–86 umgebaut; Bauherr Diesing.
Lit.: 41.

Geschäftshaus
○ Schuhstr. 10; geschlossene Bebauung.
○ Erbaut 1868–70; Bauherr E. F. Witting.

Geschäftshaus
○ Schuhstr. 13; geschlossene Bebauung.
○ Erbaut 1895; Architekt M. Osterloh; EG-Fassade nachträglich verändert.
Lit.: 56.

Geschäftshaus
○ Schuhstr. 15–16; geschlossene Bebauung.
○ Erbaut 1865; Architekt E. Wiehe; Bauherr A. Braefs; 1972 umgebaut (dabei nur z. T. Originalteile wiederverwendet).
Lit.: 54.

Geschäftshaus
○ Schuhstr. 36; geschlossene Bebauung.
○ Erbaut 1868; Bauherr J. Ehlers.

Geschäftshaus
○ Schuhstr. 37; geschlossene Bebauung.
○ Erbaut 1868.

Geschäftshaus
○ Schuhstr. 38; geschlossene Bebauung.
○ Erbaut 1868; Bauherr Bewig.

Wohn- und Geschäftshaus
○ Kattreppeln 1; Eckgebäude; geschlossene Bebauung.
○ Erbaut 1893; Architekten J. Fröhlich und P. Baumkauff; Bauherr W. Pape.
Lit.: 6.

Innenstadt – Klassizismus/Historismus

Geschäftshaus
○ Damm 3; geschlossene Bebauung.
○ Erbaut um 1820.

Wohn- und Geschäftshaus
○ Kohlmarkt 9; Eckgebäude; geschlossene Bebauung.
○ Erbaut 1872; Architekt Nörse; Bauherr Behrens.

Wohn- und Geschäftshaus
○ Kohlmarkt 18; geschlossene Bebauung.
○ Erbaut 1791–93; Architekt C. G. Langwagen; Bauherr C. W. Ernst; Fassade 1924 umgestaltet.
Lit.: 41.

Wohn- und Geschäftshaus
○ Kohlmarkt 19; geschlossene Bebauung.
○ Erbaut 1791–92; Architekt C. G. Langwagen; Bauherr J. H. Polemann; Fassade 1885 umgestaltet, Architekt C. Uhde; Bauherr P. J. Blanck.
Lit.: 41, 57.

Wohn- und Geschäftshaus
○ Friedrich-Wilhelm-Str. 31–32; geschlossene Bebauung.
○ Erbaut 1878; Architekt und Bauherr F. Wilkens.
Lit.: 56.

Wohn- und Geschäftshaus
○ Vor der Burg 17; geschlossene Bebauung.
○ Erbaut 1824.

Wohn- und Geschäftshaus
○ Bankplatz 2; geschlossene Bebauung.
○ Erbaut 1798–99; Architekt C. G. Langwagen; nachträglich verändert.
Lit.: 41.

Wohn- und Geschäftshaus
○ Bankplatz 5; Eckgebäude; geschlossene Bebauung.
○ Erbaut 1863–66; Architekt W. Götter; Bauherr J. Löschigk.

Wohn- und Geschäftshaus
○ Hutfiltern 6; geschlossene Bebauung.
○ Erbaut um 1840.

Geschäftshaus
○ Ziegenmarkt 5; Eckgebäude; geschlossene Bebauung.
○ Erbaut 1812.
Lit.: 56.

Wohnhaus
○ Echternstr. 7; geschlossene Bebauung.
○ Erbaut 1878; Architekt A. Lüddecke; Bauherr Bätz.

Wohnhaus
○ Echternstr. 8; geschlossene Bebauung.
○ Erbaut 1870.

Wohn- und Geschäftshaus
○ Ferdinandstr. 2; freistehend.
○ Erbaut 1876; Architekt und Bauherr R. Zinkeisen.

Wohnhaus
○ Ferdinandstr. 4; freistehend.
○ Erbaut 1880–81; Architekt und Bauherr R. Zinkeisen.

Wohnhaus (ehem. Volks-Brausebad)
○ Ferdinandstr. 6; freistehendes Eckgebäude.
○ Erbaut 1890; Architekten J. Fröhlich und P. Baumkauff; Bauherr Lange (?); 1972 umgebaut, Architekt J. Herrenberger, Bauherr M Kovačević.
Lit.: 55, 56.

Wohnhaus
○ Ferdinandstr. 9; freistehendes Eckgebäude.
○ Erbaut 1873; Architekt E. Wiehe; Bauherr J. Schulz.
Lit.: 56.

Wohn- und Geschäftshaus
○ Wilhelmitorwall 23; freistehendes Eckgebäude.
○ Erbaut 1874–76; Architekt J. Gill; Bauherr C. Grebe.
Lit.: 56.

Wohnhaus
○ Wilhelmitorwall 24; freistehend.
○ Erbaut 1874–75; Architekt H. Biersack; Bauherr L. Witting.
Lit.: 56.

Geschäftshaus
○ Wilhelmitorwall 25; freistehend.
○ Erbaut 1873; Architekt F. Lilly; Bauherr C. Wrede.
Lit.: 6, 56.

Wohn- und Geschäftshaus
○ Wilhelmitorwall 32; freistehend.
○ Erbaut um 1840.

Wohn- und Geschäftshaus
○ Am Hohen Tore 6; freistehend.
○ Erbaut 1863.

Wohn- und Geschäftshaus
○ Hohetorwall 1; freistehend.
○ Erbaut um 1800.

Wohn- und Geschäftshaus
○ Hohetorwall 2; freistehend.
○ Erbaut 1853.

Wohnhaus
○ Hohetorwall 4; freistehend.
○ Erbaut 1858.

Wohnhaus
○ Hohetorwall 13; freistehend.
○ Erbaut 1842.

Wohnhaus
○ Petritorwall 26; freistehend.
○ Erbaut 1868; Architekt F. Lilly; Bauherr A. Schulze.
Lit.: 6.

Wohn- und Geschäftshaus
○ Petritorwall 31; freistehend.
○ Erbaut um 1850; 1958 umgebaut und erweitert; Architekt L. Grimm; Bauherr E. Bieniek.
○ Fassadengestaltung in Anlehnung an die klassiz. Architektur von P. J. Krahe.
Lit.: 12, 56.

Amtsgericht/Grundbuchamt (ehem. Herzogliches Krankenhaus)
○ Wilhelmstr. 53–55; freistehendes Eckgebäude.
○ Erbaut 1840; Bauherr Herzogtum BS (?).

Wohnhaus
○ Wendentorwall 17; freistehend.
○ Erbaut 1846; Architekt C. T. Ottmer.
Lit.: 12, 56.

Wohn- und Geschäftshaus
○ Fallersleber-Tor-Wall 2; freistehend.
○ Erbaut 1872; Bauherr Uhlmann.

Wohnhaus
○ Theaterwall 7; freistehend.
○ Erbaut 1872; Architekt Körner (A. Reiners); Bauherr H. W. Daubert.
Lit.: 6.

Städtische Musikschule
○ Theaterwall 12; freistehend.
○ Erbaut 1878; Bauherr H. Zellmann.

Wohn- und Geschäftshaus
○ Theaterwall 18; freistehend.
○ Erbaut 1867 (urspr. dreigeschossig); Architekt E. Ebeling; Bauherr G. Deumeland; nach Kriegszerstörung (1944) 1949 zweigeschossig wiederaufgebaut, Architekt G. Sollwedel; Bauherr W. Ewe.
Lit.: 12, 56.

Innenstadt – Klassizismus/Historismus

Wohn- und Geschäftshaus
○ Magnitorwall 5; freistehend.
○ Erbaut 1863; Architekt C. Uhde; Bauherr Löbbecke (?).

Geschäftshaus
○ Magnitorwall 7; freistehend.
○ Erbaut 1812.

Wohnhaus
○ Magnitorwall 11–12; freistehend.
○ Erbaut um 1860.

Wohnhaus
○ Museumstr. 7; freistehend.
○ Erbaut 1843.

Geschäftshaus
○ Museumstr. 8; freistehend.
○ Erbaut 1823; Architekt C. T. Ottmer; nachträglich mit rückwärtigen Anbauten versehen.
Lit.: 12, 56.

Wohn- und Geschäftshaus
○ Steintorwall 1; freistehend.
○ Erbaut um 1835; Architekt C. T. Ottmer; nachträglich umgebaut und erweitert; Architekt L. Kuhne.
Lit.: 12.

Wohn- und Geschäftshaus
○ Steintorwall 1A; freistehend.
○ Erbaut 1884–87; Architekt W. Uffmann; Bauherr W. Dörge.

„Die Brücke"
○ Steintorwall 3; freistehend.
○ Erbaut 1866; Bauherr H. Vieweg; nachträglich erweitert.

Wohn- und Geschäftshaus
○ Steintorwall 4; freistehend
○ Erbaut 1870; Bauherr T. Claus.

Wohn- und Geschäftshaus
○ Steintorwall 21; freistehend.
○ Erbaut 1853.

Wohn- und Geschäftshaus
○ Am Magnitor 6; geschlossene Bebauung.
○ Erbaut 1833.

Wohn- und Geschäftshaus
○ Am Magnitor 9; geschlossene Bebauung.
○ Erbaut um 1820.

Wohn- und Geschäftshaus
○ Am Magnitor 12; geschlossene Bebauung.
○ Erbaut um 1820.

Wohnhaus
○ Herrendorftwete 1; nach Süden geschlossene Bebauung.
○ Erbaut 1877; Architekt E. Munte; Bauherr Wendt.

Diakonisches Werk (Geschäftsstelle)
○ Hinter der Magnikirche 6; geschlossene Bebauung.
○ Erbaut 1885–87; Bauherr Strombecksche Stiftung.

Kindertagesstätte
○ Hinter der Magnikirche 8; freistehend.
○ Erbaut 1863.

Städtisches Museum (ehem. Villa Gerloff)
○ Löwenwall 16; freistehend.
○ Erbaut 1888; Architekten J. Fröhlich und P. Baumkauff; Bauherr L. Gerloff; 1983 umgebaut, Architekten H. Laskowski und F. Schneidewind; Bauherr Stadt BS.
Lit.: 6.

Geschäftshaus
○ Ölschlägern 11; geschlossene Bebauung.
○ Erbaut um 1850.

Wohn- und Geschäftshaus
○ Ölschlägern 12; geschlossene Bebauung.
○ Erbaut um 1800.

Wohn- und Geschäftshaus
○ Ölschlägern 16; Eckgebäude; geschlossene Bebauung.
○ Erbaut um 1860.

Wohnhaus
○ Ritterstr. 29; geschlossene Bebauung.
○ Erbaut um 1800.

Wohnhaus
○ Ritterstr. 30; geschlossene Bebauung.
○ Erbaut um 1800.

Hochbauamt
○ Ägidienmarkt 6; geschlossene Bebauung.
○ Erbaut 1881–83; Bauherr J. J. Kellner.

Wohn- und Geschäftshaus
○ Auguststr. 17; geschlossene Bebauung.
○ Erbaut um 1800.
Lit.: 35.

Geschäftshaus
○ Lessingplatz 9; freistehend.
○ Erbaut 1866–68; Architekt E. Wiehe(?); Bauherr E. Meyer.

Geschäftshaus
○ Löwenwall 6; freistehend.
○ Erbaut 1880–81; Architekt C. Uhde; Bauherr F. Westermann.
Lit.: 12, 56.

Neues Rathaus
○ Langer Hof 1; von 3 Straßen umgeben; mit Nr. 139 verbunden.
○ Erbaut 1894–1900; Architekt L. Winter; Bauherr Stadt BS.
○ 3 Geschosse; bis auf den übereck plazierten Turm sym. aufgebaute Fassaden mit einer Vielzahl neugot. Formenelemente.
○ Einbündiges Grundrißsystem; nur im Ansatz sym. Grundrißaufbau (die nördl. Gebäudeflügel unterschiedlich lang, Orientierung der Büroräume uneinheitlich).
○ Ziegel-Mauerwerksbau; Werkstein.
○ Turm in Anlehnung an spätgot. flämische Rathaustürme.
Lit.: 1, 6, 9, 12, 22, 56.

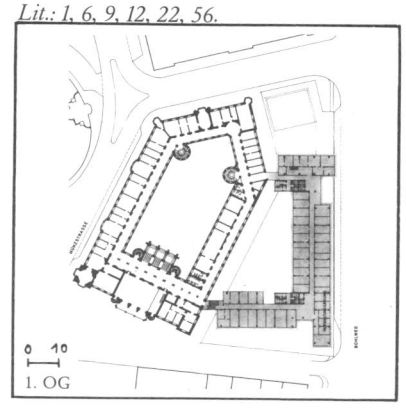

1. OG

Burg Dankwarderode

○ Burgplatz 4; freistehend, aber durch geschlossene Brückengänge mit Nr. 22 und Nr. 96.1 verbunden.
○ Erbauungszeit des urspr. Baus um 1175; Bauherr Heinrich der Löwe; durch renaissancehafte Umgestaltung 1616 und barokken Umbau 1763–65 (Architekt K. C. W. Fleischer) urspr. Erscheinungsbild vollständig verändert; nach Brand (1873) 1887–89 historisierender Neubau unter teilweiser Verwendung bzw. Nachahmung roman. Bauteile (Fundamente, Fenster); Architekt L. Winter; Bauherr Prinz Albrecht von Preußen.

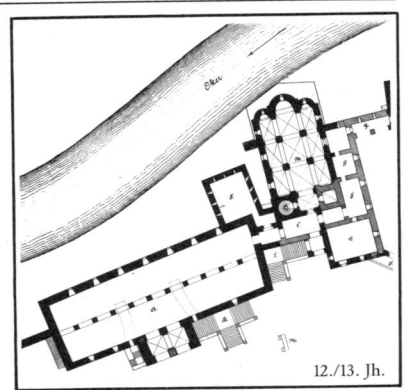

12./13. Jh.

○ 2 Geschosse; im Westen Mittelrisalit mit Balkon und seitlicher, geschlossener Treppe; im Osten Turm (in Anlehnung an die doppeltürmige Burgkapelle des urspr. Baus an dieser Stelle), Kemenate und wieder verwendete roman. Fenster; SO-Ecke bewußt als Ruine gestaltet; Satteldach.
○ Zweischiffige Säle im EG, 1. OG und DG (Rittersaal); Kemenate jetzt als Treppenhaus genutzt.
○ Werkstein-Mauerwerk.
○ Ursprungsbau wichtig für die Entwicklung des Bautypus Rathaus; Neubau in Anlehnung an die roman. Baufunde, als Kopie historischer Architektur umstritten.
Lit.: 9, 12, 22, 35, 36, 49, 56, 58, 60.

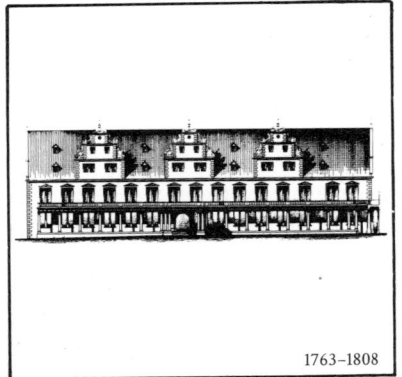

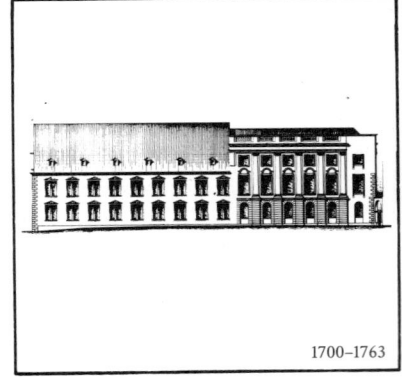

1763–1808

1700–1763

Polizeidirektion

○ Münzstr. 1; Eckgebäude; nach Süden geschlossene Bebauung.
○ Erbaut 1879–80; Architekt G. Bohnsack; Bauherr Herzogtum BS.
○ 15 Fensterachsen; 3 Geschosse (2. OG des Mittelteils als Mezzanin); sym. Haupteingangsseite; Mittelteil gerahmt von höheren Eckrisaliten; mittige Portalädikula; Gurt- und Kranzgesims; Walm- und Satteldächer.
○ Rondell als Zentrum des Grundrisses.
○ Ziegel-Mauerwerksbau; Werkstein.
○ Fassadengestaltung in Anlehnung an die ital. Renaiss.
Lit.: 6, 9, 12, 22, 56.

Justizgebäude

○ Münzstraße 17; Eckgebäude; geschlossene Bebauung.
○ Erbaut 1879–81; Architekt F. Lilly; Bauherr Herzogtum BS.
○ 19 Fensterachsen; 3 Geschosse; sym. Haupteingangs-Seite mit Eckrisaliten und höherem Mittelrisalit (mit 2 eingestellten korinthischen Säulen und Eckpilastern in der oberen Hälfte) sowie Fensterädikulen im 2. OG; Kranzgesims mit Fries; Walmdach.
○ Ziegel-Mauerwerksbau; Werkstein.
○ Fassadengestaltung in Anlehnung an die ital. Hochrenaiss.
Lit.: AI 28.1882, 6, 9, 12, 22, 56.

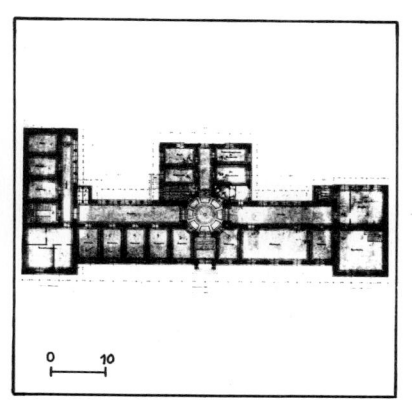

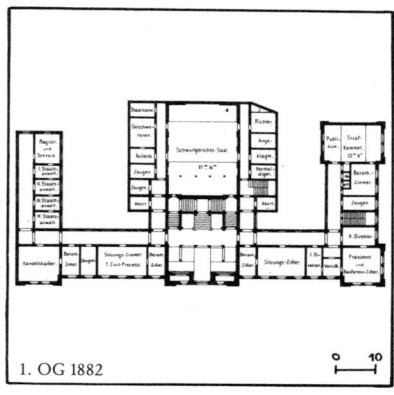

1. OG 1882

Innenstadt – Klassizismus/Historismus

Oberpostdirektion
○ Friedrich-Wilhelm-Str. 3; geschlossene Bebauung.
○ Erbaut 1878–81; Architekt J. Raschdorf; Bauherr Post des Deutschen Reiches.
○ 23 Fensterachsen; 3 Geschosse; sym. Haupteingangsseite mit Turmrisaliten, Erkern und Staffelgiebeln (Giebel am Westflügel in der Straßenachse vom ehem. Bahnhof (Nr. 124); Satteldach mit Gauben.
○ Zweifach abgewinkelter Grundriß.
○ Ziegel-Mauerwerksbau; Werkstein.
○ Fassadengestaltung in Anlehnung an Gotik und holländische Renaiss.
Lit.: 6, 9, 12, 56.

Oberlandesgericht
○ Bankplatz 6; von 3 Straßen umgeben; geschlossene Bebauung.
○ Erbaut 1853; Architekt F. L. Simon; Bauherr Braunschweig-Hannoversche Hypothekenbank.
○ 3 Geschosse; Eckrisalite an Ost- und Westseite; Haupteingang (mit zweigeschossigem Loggiavorbau) an der abgeschrägten SO-Ecke; Kranzgesims; flachgeneigtes Pultdach.
○ U-förmiger Grundriß mit Innenhof.
○ Ziegel-Mauerwerksbau, Werkstein.
○ Fassadengestaltung in Anlehnung an die nordital. Frührenaiss.; Einflüsse des Spätwerks von K. F. Schinkel.
Lit.: 6, 12, 56.

Bankhaus Löbbecke & Co

○ An der Martinikirche 4; Eckgebäude; geschlossene Bebauung.
○ Erbaut 1892; Architekt C. Uhde; Bauherr Bankhaus Löbbecke & Co.
○ 3 Geschosse (und zweigeschossiger Giebel); Ostseite mit Mittenbetonung durch zweigeschossigen Erker (EG, 1. OG), übereck angeordnete, eingezogene Eingangsloggia; giebel-/traufständig; Satteldach.
○ Ziegel-Mauerwerksbau, verputzt; Werkstein.
○ Fassadengestaltung in Anlehnung an die niederl.-dt. Renaiss.; Peter-Joseph-Krahe-Preis 1956 (Wiederaufbau).
Lit.: 6, 12, 56.

Torhäuser

○ Am Wendentor 2 und 3; freistehender, zweiteiliger Gebäudekomplex.
○ Erbaut 1818–20; Architekt P. J. Krahe; Bauherr Herzogtum BS.
○ 1 Geschoß; zur Straße Vorhalle (nach außen begrenzt von 2 kannelierten Säulen und 2 Eckpfeilern); umlaufendes Gebälk mit (an den Schmalseiten) darüber liegenden Giebeln; flachgeneigtes Satteldach.
○ Ziegel-Mauerwerksbau, verputzt.
○ Gebäudetyp in Anlehnung an antike Tempel.
Lit.: 9, 12, 35, 56.

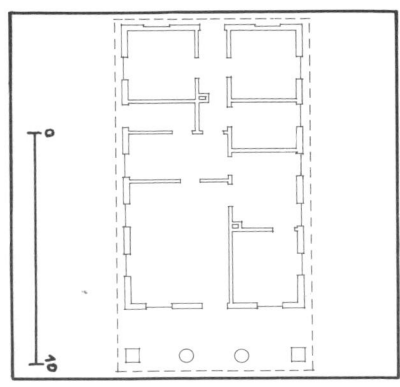

Torhäuser
○ Humboldtstr. 1 und 34; freistehender, zweiteiliger Gebäudekomplex.
○ Erbaut 1820; Architekt P. J. Krahe; Bauherr Herzogtum BS.
○ Eingeschossiger, parallel zur Straße verlaufender Gebäudetrakt; senkrecht dazu ein zweigeschossiger Trakt mit Vorhalle zur Straße (nach außen von 2 Pfeilerpaaren begrenzt); darüber ein Giebel mit Halbkreisöffnung; Sattel- und Walmdach.
○ Ziegel-Mauerwerksbau, verputzt; Holz (Kranzgesims).
Lit.: 6, 9, 12, 35, 56.

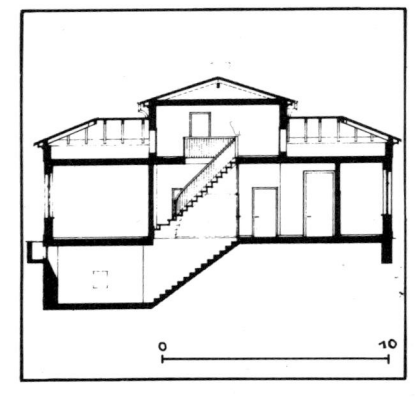

Torhäuser
○ Helmstedter Str. 1 und 171; freistehender, zweiteiliger Gebäudekomplex.
○ Erbaut 1829; Architekt P. J. Krahe; Bauherr Herzogtum BS.
○ 1 Geschoß; Eckpilaster; Loggia mit 2 eingestellten dorischen Säulen; darüber Giebel mit Halbkreisfenster; Kranzgesims und Fries umlaufend; flach geneigtes Walmdach.
○ Ziegel-Mauerwerksbau, verputzt (Brüstungszone gequadert).
○ Gebäudetyp und Loggiamotiv von P. J. Krahe bereits bei Nr. 87 verwendet.
Lit.: 9, 12, 35, 56.

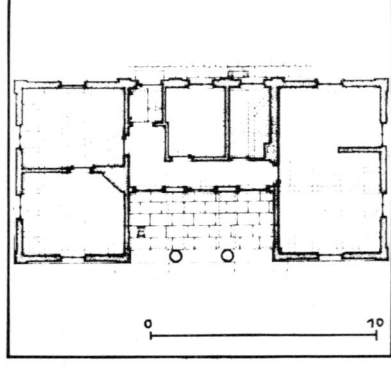

Geschäftshaus
○ Sack 15–18; geschlossene Bebauung (nördl. Nachbargrundstück zur Zeit nicht bebaut).
○ Erbaut 1896–97; Architekt M. Osterloh; Bauherr C. Langerfeldt.
Lit.: 56.

Industrie- und Handelskammer
○ Garküche 3; von 3 Straßen umgeben geschlossene Bebauung (an Nr. 74 angebaut).
○ Erbaut 1907; Architekt G. Lübke; Bauherr Handelskammer.
Lit.: 6, 56.

Rotunde
○ Handelsweg; geschlossene Bebauung.
○ Erbaut um 1878.
Lit.: 56.

Bezirksregierung
○ Bohlweg 38; von 3 Straßen umgeben, geschlossene Bebauung (an Nr. 116.5 angebaut).
○ Erbaut 1903–12 an der Stelle des Zeughauses/Paulinerklosters; Architekt Fricke; Bauherr Herzogtum BS.
Lit.: 6, 22.

Nord/LB, Hauptniederlassung (ehem. Finanzgebäude)
○ Dankwardstr. 1; von 3 Straßen umgeben; geschlossene Bebauung (mit Nr. 116.4 verbunden).
○ Erbaut 1891–94; Architekt E. Wiehe; DG nachträglich verändert; 1976–78 umgebaut; Architekten H. Westermann, H. Scherer, D. Fischer und M. Schaefer; Bauherr Nord/LB.
Lit.: 9, 22, 55.

Amt für Agrarstruktur (ehem. Amtsgericht)
○ Kuhstr. 18–22 (Haupteingang ehem. Auguststr. 6); Eckgebäude; urspr. geschlossene Bebauung, heute freistehend.
○ Erbaut um 1800; nach Kriegszerstörung (1944) nur Nordflügel wieder hergerichtet (Verlegung des Haupteinganges).

Orientierungsstufe
○ Georg-Eckert-Str. 1; Ostflügel mit Magnitorwall 11 und 12 verbunden.
○ Entstehungszeit 1870; Bauherr Stadt BS; Westflügel nachträglich nach Süden erweitert.
○ 21 Fensterachsen; 2 Geschosse; Haupteingangs-Seite mit erhöhtem Mittelrisalit; dieser mit spitzbogigen Öffnungen, sonst Segmentbogenfenster; zurückhaltendes Dekor; Sattel- und Walmdach.
○ Ziegel-Mauerwerksbau (im EG Streifen aus glasierten Ziegeln).
○ Bis auf den Mittelrisalit mit seinen gotisierenden Formen ein für seine Zeit sehr funktionalistischer Bau.
Lit.: 6.

Amtsanwaltschaft (ehem. Garnisonsschule)
○ Lessingplatz 1; freistehend.
○ Erbaut 1795–96; Architekt H. L. Rothermundt (?); westl. Erweiterung aus dem 19. Jh. (nur eingeschossig erhalten geblieben).
Lit.: 9, 41.

Herzog-Anton-Ulrich-Museum

○ Museumstr. 1; freistehend.
○ Erbaut 1883–87; Architekt O. Sommer; Bauherr Herzogtum BS.
○ 19 Fensterachsen; 3 Geschosse (2. OG als Mezzanin); sym. Fassaden; Längsseiten mit seitlichen Risaliten; Schmalseiten mit Mittelrisaliten; flachgeneigte Walmdächer; Lichtkuppeln.
○ Mittlere Oberlichtsäle im 1. OG in der Höhe von 2 Geschossen.
○ Ziegel-Mauerwerksbau, Werkstein.
○ Beeinflußt von der Alten Pinakothek in München; Fassadengestaltung in Anlehnung an die ital. Spätrenaiss.
Lit.: 6, 9, 12, 56, 59.

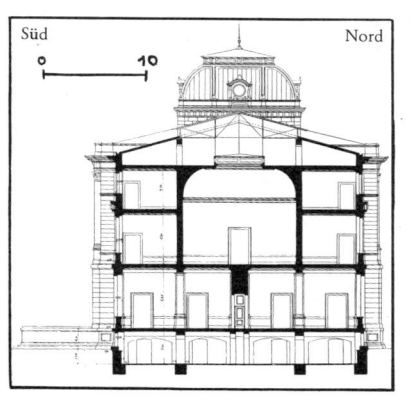

Städtisches Museum

○ Steintorwall 14; freistehend, aber durch Brückengang mit Nr. 122.1 verbunden.
○ Erbaut 1906; Architekt M. Osterloh; 1973–76 umgebaut (Haupteingang zum Magnitorwall verlegt, innere Erschließung geändert, Nutzfläche um ca. 800 m² erweitert; Architekt H. Röcke; Bauherr Stadt BS.
○ 4 Geschosse; sym. Nord- und Südfassade; Mansarddächer.
○ Einbeziehung des Besucherweges in den Lichthof durch Galerieeinbauten.
○ Ziegel-Mauerwerksbau, verputzt.
○ Fassaden mit Ansätzen von barockisierenden Jugendstilelementen.
Lit.: A 9.1981, 6, 9, Bw 27.1977, 55, 56.

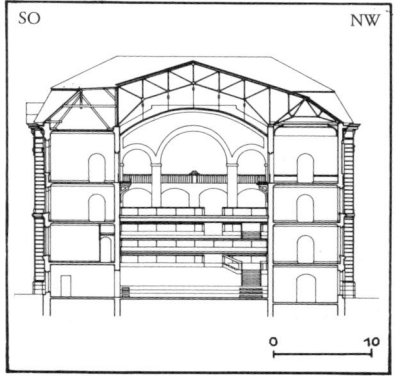

Stadtbibliothek
O Steintorwall 15; Eckgebäude; nach Westen geschlossene Bebauung (durch Brückengang mit Nr. 121 verbunden).
O Erbaut 1908.

Freizeit- und Bildungszentrum
O Nimes-Str. 2; freistehender Gebäudekomplex.
O 1864–65 als Wasserwerk errichtet; Architekt C. Tappe; 1965 unter Verwendung urspr. Gebäudeteile (Turm und Maschinenhalle) um- und ausgebaut, Architekt E. Wagner, Bauherr Stadt BS.
Lit.: AI 15.1869, 12, 54, 56.

Alter Bahnhof (Verwaltungszentrum der Nord-LB)
○ Friedrich-Wilhelm-Platz 9; freistehend.
○ Erbaut 1843–45; Architekt C. T. Ottmer; nach Kriegszerstörung (1944) West-, Nord- und Ostfassade des ehem. Empfangsgebäudes in Neubau einbezogen; erbaut 1963–66; Architekt H. Westermann; Bauherr Braunschweigische Staatsbank.
○ 3 Geschosse (2. OG als SG); sym. Fassaden; Nordseite mit Eckrisaliten und Mittelrisalit (mit römischem Triumphbogenmotiv als „neuem Stadttor"); 15 Fensterachsen; Brüstungsplatten am Haupteingangs-Podest von EG-Fenstern des 1960 abgerissenen Schlosses; im Süden zwischen den historischen Eckrisaliten zeitgemäße, völlig transparente Fassade, die die vorhandenen Gesimse und das Achsmaß der Nordfassade aufnimmt; flachgeneigtes Walmdach.
○ Großraumbüros im EG und 2. OG, dazwischen Einzelräume.
○ Ziegel-Mauerwerksbau, verputzt; Aluminium/Glas-Vorhangfassade (Südseite).
○ Qualitätvolle Verbindung zeitgemäßer Architektur mit der spätklassiz. Bausubstanz des ersten, repräsentativen Bahnhofs in Deutschland; Peter-Joseph-Krahe-Preis 1966.
Lit.: A 9.1981, 4, 6, 9, Bm 9.1968, DBZ 9.1968, 12, 23, 49, 54, 58.

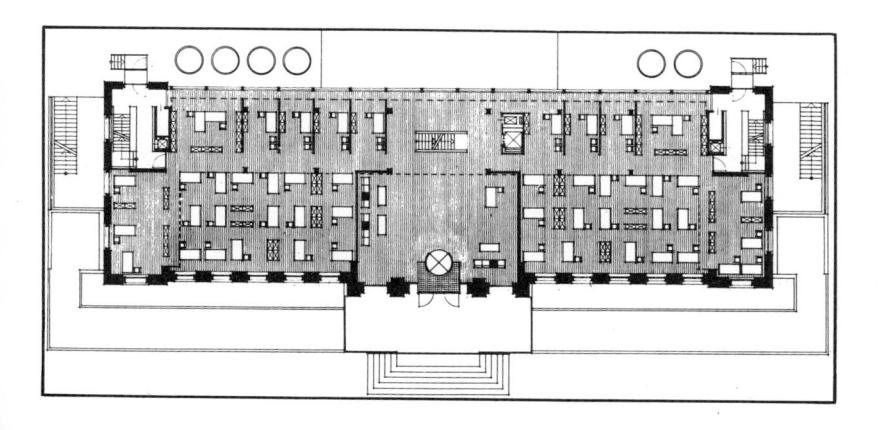

Wohn- und Geschäftshaus

○ Poststr. 9; Eckgebäude; geschlossene Bebauung.
○ Erbaut 1984–85; Architekten H. und I. Rüdiger; Bauherr Gothaer Lebensversicherung AG.
○ 4 Geschosse; Westfassade z.T. abgeknickt und stufenweise vorkragend (Betonung der Ecke); Zwerchgiebel an beiden Straßenseiten (zur Poststr. als Segmentgiebel); traufständig; Satteldach.
○ Im EG Läden, im 1. und 2. OG Praxen, darüber Wohnungen.
○ Stahlbetonbau, verputzt.
○ Elemente der Fassadengestaltung in Anlehnung an den Fachwerkbau in BS.
Lit.: 6.

Michaelishof (Studentenwohnheim)

○ Güldenstr. 8; von 3 Straßen umgeben; zwölfteiliger Gebäudekomplex mit Innenhof.
○ Erbaut 1978–83 (Haus 1 von 1962 in Anlehnung an Vorgängerbau von 1540 umgebaut; Haus 2 von ca. 1450, mit Zwerchhaus von ca. 1690; z.T. wieder verwendete Fassaden); Architekten J. Herrenberger und J. Miehe; Bauherr Studentenwerk BS.
○ 165 Bettplätze; in Haus 2 urspr. Raumcharakter der EG-Diele erhalten.
○ Ziegel-Mauerwerksbau, z.T. verputzt; Fachwerkbau, geputzte Gefache.
○ Rekonstruierte Teile als Kopien historischer Architektur umstritten.
Lit.: DBZ 3.1985, 12, 19, 55.

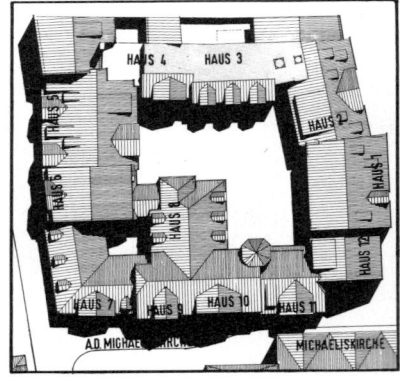

Wohn- und Geschäftskomplex
○ Lange Str./Meinhardshof/Hintern Brüdern; geschlossene Bebauung.
○ 1970 errichteter Kaufhausbau (Architekten Schneemann und G. Schniepp) 1983–85 umgestaltet und erweitert; Architekten G. Schniepp, V. Baumann/D. Galda, J. Kaiser, R. Böttcher; Bauherr OBI-/SEIKA-/Bauherrenmodell.
○ Der Alt- und der (nicht einheitlich gestaltete) Erweiterungsbau durch umlaufende Kolonnaden im EG zusammengebunden; Flach-, Sattel- und Pultdächer.
○ Kaufhaus, Gaststätten, tonnengedeckte Passage, Stadtbücherei, 66 Wohnungen.
○ Stahlbeton-Skelettbau.
Lit.: 6, 54.

„Welfenhof" (Wohn- und Geschäftszentrum)
○ Meinhardshof/Küchenstr./Jöddenstr./Schild; freistehender Gebäudekomplex.
○ Erbaut 1982; Architekten R. Henschker, E. Schmidtke und U. Wendt; Bauherr Allianz Lebensversicherungs AG.
Lit.: 6, 55.

Wohn- und Geschäftshaus
○ Sack 2; geschlossene Bebauung.
○ Erbaut um 1820; 1907 Fassade im Jugendstil umgestaltet; Architekt M. Löwe; Bauherr Firma G. Hoffmann.
Lit.: 56.

Wohn- und Geschäftshaus
○ Sack 12; geschlossene Bebauung.
○ Erbaut 1911; Architekten K. Munte und J. Kerlé; Bauherr Firma Müller & Weiss; 1982 umgebaut; Architekt J. Lepper; Bauherr T. Hansemann.
Lit.: 56.

Wohn- und Geschäftshaus
○ Hutfiltern 7; geschlossene Bebauung.
○ Erbaut 1904; Architekten Wellmann und Barth; Bauherr K. Mathy.
Lit.: 6.

Wohn- und Geschäftshaus
○ Friedrich-Wilhelm-Str. 26; geschlossene Bebauung.
○ Erbaut 1911; Architekt W. Morgenstern.
Lit.: 56.

Seniorenwohnstift
○ Echternstr.; nach Süden an geschlossene Bebauung angefügter Gebäudekomplex.
○ Erbaut 1985–87; Architekt H. Job; Bauherr Wohnstättengesellschaft Echternstr. - Banholzer KG.
Lit.: 6.

Wohn- und Geschäftshaus
O Hohetorwall 5; freistehend.
O Erbaut 1976–78; Architekten J. und G. Linde; Bauherr M. Spangenberg.

Wohn- und Bürohaus.
O Petritorwall 27; freistehend.
O Erbaut 1970–72; Architekten H.-J. Gerike und R. Schadt; Bauherr H.-J. Gerike.
Lit.: 54.

Einfamilienhaus
O Inselwall 6; freistehend.
O Erbaut 1953; Architekt und Bauherr H. Westermann.
O Peter-Joseph-Krahe-Preis 1956.
Lit.: 6.

Altersheim
O Okerstr. 9; freistehend.
O Erbaut 1960; Architekten H. Westermann / E. O. Rosbach und H. H. Priesemann; Bauherr Paritätischer Wohlfahrtsverband.
O Peter-Joseph-Krahe-Preis 1960.
Lit.: 6.

Mehrfamilienwohnhaus
O Kupfertwete 9; Eckgebäude; geschlossene Bebauung.
O Erbaut 1966–67; Architekt H.-J. Gerike (W. Kühne, H. F. Naske); Bauherr H.-J. Gerike.
Lit.: DBZ 2.1969.

Wohnhaus
O Wilhelmstr. 45–46; geschlossene Bebauung.
O Erbaut 1967–68; Architekt K. Luckhardt; Bauherr Firma B. Kunath.
Lit.: 56.

Wohn- und Geschäftshaus
O Wendenstr. 54–57; geschlossene Bebauung.
O Erbaut 1984; Architekt H. J. Tönnies; Bauherr Bauherrengemeinschaft.
Lit.: 6.

Wohn- und Geschäftshaus
O Wendenstr. 60–61; geschlossene Bebauung.
O Erbaut 1913.
Lit.: 56.

Wohn- und Geschäftshaus
O Steinweg 1–3; Eckgebäude; geschlossene Bebauung.
O Erbaut 1953–54; Architekt F. W. Kraemer; Bauherr Firma Försterling & Poser.
Lit.: 56.

Wohn- und Geschäftshäuser
O Steinweg 29–36; Gebäudekomplex aus an der Straßenflut stehender Ladenzeile (geschlossene Bebauung) und senkrecht dazu angeordneten Wohnhauszeilen.
O Erbaut 1955; Architekt R. Jahns; Bauherren W. Menke, H. Nack und G. W. Schulze.
Lit.: 49, 56.

Wohn- und Geschäftshaus
O Bohlweg 47; geschlossene Bebauung.
O Erbaut 1985–86; Architekten V. Kersten, E. Martinoff und H. Struhk; Bauherr Baugemeinschaft.

Wohn- und Geschäftshaus
O Georg-Eckert-Str./Ackerhof/Langedammstr.; freistehender Gebäudekomplex.
O Erbaut 1983–85; Architekten D. Hundertmark und Ketterer; Bauherr Beamtenversicherungsverein des Deutschen Bank- und Bankiersgewerbe.
Lit.: 6, 11.

Wohn- und Geschäftshaus
○ Schloßstr. 8; Eckgebäude; geschlossene Bebauung.
○ Erbaut 1913; Architekten K. Munte und J. Kerlé; Bauherr Firma H. Ricke & Co.
Lit.: 6.

Wohnhaus
○ Hinter der Magnikirche 2; geschlossene Bebauung.
○ Erbaut 1960-61 (Straßenfassade unter Verwendung von Teilen von An der Martinikirche 7 von 1665); Architekt H. Harden; Bauherr A. Nagel.
○ Lediglich die wiederverwendeten Fachwerkteile von Bedeutung.
Lit.: 56.

Wohn- und Geschäftshaus
○ Hinter der Magnikirche 3; geschlossene Bebauung.
○ Erbaut 1955 (Straßenfassade unter Verwendung von Teilen des Hofgebäudes An der Martinikirche 6 aus dem 15. Jh.); Architekt L. Pelz; Bauherr F. Moschner.
○ Lediglich die wiederverwendeten Fachwerkteile von Bedeutung.

Wohn- und Geschäftshaus
○ Ritterstr. 9-11G; freistehend.
○ Erbaut 1982 (Überbauung eines Bunkers aus dem II. Weltkrieg); Architekt H. J. Tönnies; Bauherr Bauherrengemeinschaft c/o ARCUS GmbH.
Lit.: 6.

Wohnhaus
○ Ritterstr. 31; geschlossene Bebauung.
○ Erbaut 1980-83 (unter Verwendung von Teilen von Leopoldstr. 32 aus dem 18. Jh.); Architekt und Bauherr H.-P. Roppel.
○ Lediglich die wiederverwendeten Fachwerkteile von Bedeutung.

Wohn- und Geschäftshaus
○ Ägidienmarkt 9; geschlossene Bebauung.
○ Erbaut 1982-83; Architekt H. J. Tönnies; Bauherr Bauherrengemeinschaft/Treuwo.

Einfamilienhaus
○ Ägidienstr. 8; freistehend.
○ Erbaut 1955 unter Verwendung von Teilen des Vorgängerbaus von 1642; Architekt und Bauherr M. Gaertner.
○ Lediglich die wiederverwendeten Fachwerkteile von Bedeutung.

Wohn- und Geschäftshaus
○ Hinter Ägidien 5; geschlossene Bebauung.
○ Kern 16. Jh.; 1979 umgebaut; Architekt Thiele; Bauherren F.-S. Griebsch und H.-H. Thiele.
○ Fachwerk mit Sperrholz imitiert.
Lit.: 6.

Wohn- und Geschäftshaus
○ Auguststr. 21-22; geschlossene Bebauung.
○ Erbaut 1982; Architekten H. Schütte und W. Sandow; Bauherr Bauherrengemeinschaft.

Um- und Erweiterungsbau
○ Steintorwall 12; freistehend.
○ Erbaut 1973; Architekten und Bauherren H.-J. und R. Giesler.
○ Peter-Joseph-Krahe-Preis 1975.

Burgpassage

○ Burgpassage; geschlossene Bebauung.
○ Erbaut 1983 (unter Einbeziehung von Hutfiltern 8 und Schuhstr. 5); Architekt R. Schadt; Bauherr Allianz Versicherung AG.
○ Ausgehöhlte EG-Bereiche der einbezogenen Altbauten bilden die Eingänge.
○ 2 Geschosse (Galerien im 1. OG); Tonnengewölbe (an den Enden kuppelförmig zusammengefügt); Mittelteil als zweischiffige Halle; 40 Läden; Inneres von Schuhstr. 5 völlig neu gestaltet.
○ Stahlbeton-Skelettbau (Fertigteile); Holz (halbkreisförmige Dachbinder); Glas.
○ Eingangsgestaltung Schuhstr. fragwürdig.
Lit.: 6, db 2.1985.

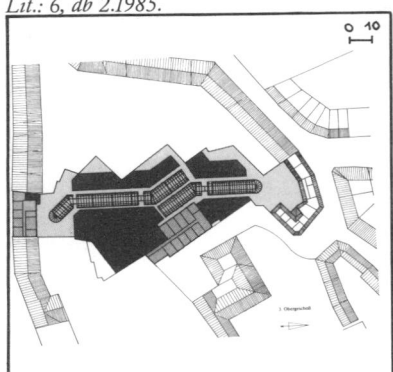

Dresdner Bank (ehem. Pfeiffer & Schmidt)

○ Neue Str. 20; allseitig von Straßen umgeben; freistehender Gebäudekomplex.
○ Erbaut 1950 und 1954 (2 Bauabschnitte); Architekt F. W. Kraemer; Bauherr Firma Pfeiffer & Schmidt; 1974 rückwärtiger Anbau; Architekt H. Hahn; Bauherr Dresdner Bank AG.
○ 13/4 Konstruktionsachsen; 6 Geschosse (5. OG als SG mit weit vorkragendem Flachdach); zur Neuen Str. Kolonnaden im EG; die Felder des an den Längsseiten außen sichtbaren konstruktiven Gerippes vom 1.–4. OG gleichmäßig aufgeteilt.
○ Stahlbeton-Skelettbau.
○ Peter-Joseph-Krahe-Preis 1956.
Lit.: 6, B+W 9.1953, 31, 55.

Karstadt-Einrichtungshaus

○ Poststr. 5–6; von 3 Straßen umgeben; geschlossene Bebauung.
○ Erbaut 1978; Architekten Neckermann- und Karstadt-Bauabteilung/G. Böhm (Fassade); Bauherr Deutsche Anlagen Leasing.
○ 5 Geschosse; starke Plastizität von Nord- und Westfassade (schräge Vordächer über den Fenstern der unteren 3 Geschosse, zurückgestaffelte Fensterebene im 3. OG mit davor liegendem Umgang); Sargdeckeldach.
○ Stahlbeton-Skelettbau; Dachziegelverkleidung dunkelgrau.
Lit.: 6, Bw 22.1976, 55.

Allgemeine Ortskrankenkasse

○ Am Fallersleber Tore 3–4; freistehend.
○ Erbaut 1929; Architekt K. Mühlenpfordt; Bauherr AOK; nachträglich verändert.
○ 5–7 Geschosse; Baumassen in Einzelkuben gegliedert; Flachdächer.
○ Zentrale Oberlichthalle mit 4 Gebäudeflügeln (Nord- und Südflügel risalitartig nach außen verlängert, Südflügel darüber hinaus L-förmig zur Straße hin abgeknickt).
○ Ziegel-Mauerwerksbau.
○ Oberlichthalle in Anlehnung an die der Wiener Postsparkasse (Architekt O. Wagner).
Lit.: 6, 56.

urspr. Entwurf

Innenstadt – Moderne

Bank für Gemeinwirtschaft
O Hagenmarkt 8; Eckgebäude; geschlossene Bebauung.
O Erbaut 1967; Architekten H. J. Guckel und H. Eich; Bauherr Bank für Gemeinwirtschaft AG.
O 7 Geschosse (ab dem 1. OG in den Straßenraum vorkragend); starke Plastizität der Fassaden (1.–6. OG mit Umgängen durch vorkragende Decken, nach außen durch ein Geflecht von Geländerstäben gesichert); geschoßhohe Fenster; Flachdach.
O Der (an der Südseite liegende) Erschließungskern nicht rechtwinkelig.
O Stahlbeton-Skelettbau; Stahlfassade.
Lit.: Bw 43.1970, 56.

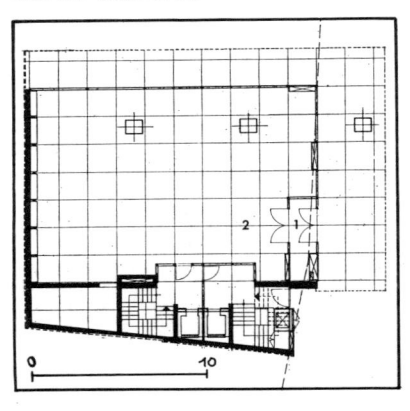

Rathauserweiterung
O Bohlweg 24–31/Langer Hof 2; Eckgebäude; mit Nr. 105 verbunden.
O Erbaut 1968–71; Architekten H. Uhde und S. Groothoff; Bauherr Stadt BS und 7 Privatleute.
O 7–11 Geschosse; am Bohlweg Kolonnaden im EG; 2. OG als Baukörper-Fuge ausgebildet (zurückgestaffelt); darüber in 3 Trakte aufgegliederter Baukörper; Flachdächer.
O Im EG und 1. OG 24 Laden- und Büroeinheiten, im 2. OG Technik, darüber Verwaltung.
O Stahlbeton-Skelettbau.
O Gestaltung ohne Bezüge zum Altbau.
Lit.: Bw 11.1973, 54, 56.

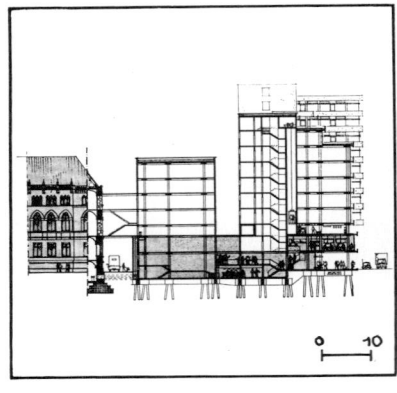

Geschäftshaus Flebbe

○ Bohlweg 1; Eckgebäude; geschlossene Bebauung.
○ Eingeschossiger Ladenbau (erbaut 1950) 1958 aufgestockt; Architekt F. W. Kraemer; Bauherr Firma Flebbe.
○ 9/6 Konstruktionsachsen; 6 Geschosse (5. OG als SG); Fassaden nach strengem Proportionsschema aufgebaut (Seitenverhältnisse der Teilungen 1:1 und 1:2); Haupteingangs-Seite (zum Damm) mit Kolonnaden im EG; im 1. OG jedes 2. Fenster in doppelter Breite durch Zusammenfassen von 2 Fensterachsen; 2.–4. OG mit gleichmäßiger Fassadenaufteilung (quadratische Brüstungsplatte, quadratisches Fenster mit halb so hohem, querrechteckigen Oberlicht); 5. OG als Penthouse mit stark vorkragenden Sonnenschutzlamellen; Flachdach.
○ 1. OG stützenfrei ausgebildet.
○ Stahl-Skelettbau, Vorhangfassade; Glas (Brüstungsbereich rückwärtig farbbeschichtet).
○ Bedeutendes dt. Beispiel im Internationalen Stil aus den fünfziger Jahren.
Lit.: 6, DBZ 1.1956, 23, 26, 31, 49, 56.

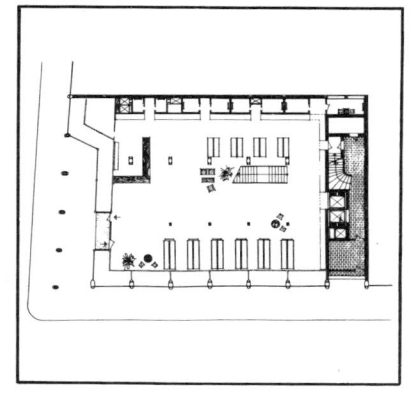

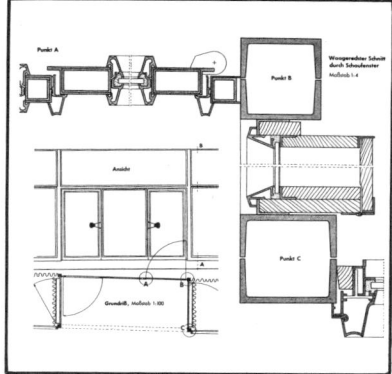

Geschäftshaus
○ Damm 18; geschlossene Bebauung.
○ Vorhandener zweigeschossiger Bau 1983 umgebaut und erweitert; Architekt J. Lepper; Bauherren J. und T. Huch.
○ 7 Fensterachsen; 6 Geschosse (5. OG als SG); Motiv des Segmentbogens an den EG-Kolonnaden und am zweigeschossigen Erker; Flachdach.
○ 3 Läden (EG), 4 Büros und 1 Praxis.
○ Ziegel-Mauerwerksbau, verputzt (ab 2. OG); Werkstein.
○ Deutscher Natursteinpreis 1983.
Lit.: 6.

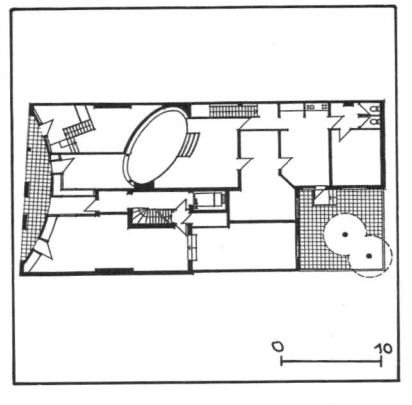

Geschäftshaus
○ Papenstieg 4–5; geschlossene Bebauung.
○ Erbaut 1910; Architekten Rasche und Kratzsch; Bauherr C. Langerfeldt.
Lit.: 56.

Geschäftshaus
○ Papenstieg 6–7; geschlossene Bebauung (nördl. Nachbargrundstück z. Z. nicht bebaut).
○ Erbaut 1904; Architekten Rasche und Kratzsch; Bauherr C. Langerfeldt.
Lit.: 56.

Warenhaus Hertie
○ Sack 5–11; Eckgebäude; geschlossene Bebauung.
○ Erbaut 1952; Architekt H. Soll; Bauherr Hertie.
Lit.: 56.

Ladenumbau
○ Vor der Burg 11.
○ Erbaut 1984; Architekten U. Böttger, K. Ohrlich und C. Sandleben; Bauherrin H. Röser.
Lit.: 6.

Geschäftshaus
○ Damm 40; geschlossene Bebauung.
○ Erbaut 1909; Architekten Munte und J. Kerlé; Bauherr Firma Schröder & Co.
Lit.: 6.

Nord/LB, Verwaltungsgebäude
○ Friedrich-Wilhelm-Platz 6; freistehender Gebäudekomplex aus Hochhaus und 2 angefügten Flachbauten.
○ Erbaut 1972–75; Architekten H. Westermann, H. Scherer, D. Fischer und M. Schaefer; Bauherr Nord/LB.
○ Städtebaulich umstritten.
Lit.: 6, 54.

Innenstadt – Moderne

Haus Anker
○ Friedrich-Wilhelm-Str. 51; geschlossene Bebauung.
○ Erbaut 1900–01; Architekten Rasche und Kratzsch; Bauherren L. Katz und G. Wolff.
○ Frühester, noch erhaltener Bau der modernen Architektur in BS.
Lit.: 56.

Bankgebäude
○ Bradandtstr. 10; Eckgebäude; geschlossene Bebauung.
○ Erbaut 1984; Architekten F. W. Kraemer, E. Sieverts und Partner/H. J. Hinze; Bauherr Deutsche Bank AG.
Lit.: 6.

Ladenumbau und -erweiterung
○ Kohlmarkt 16.
○ Erbaut 1982; Architekt P. Grobe; Bauherr J. Carlson.
Lit.: 6.

Geschäftshaus
○ Gördelinger Str. 47; Eckgebäude; geschlossene Bebauung.
○ Erbaut 1957–59; Architekt F. W. Kraemer; Bauherr Iduna Versicherungs AG.
Lit.: 31.

Geschäftshaus
○ Küchenstr. 9; Eckgebäude; geschlossene Bebauung.
○ Erbaut 1962; Architekten F. W. Kraemer, G. Pfennig und E. Sieverts; Bauherr Firma Wullbrandt & Seele.
Lit.: 4, DBZ 7.1965, 31.

Geschäftshaus
○ Küchenstr. 10; Eckgebäude; nach Osten geschlossene Bebauung.
○ Erbaut 1960; Architekt F. W. Kraemer, G. Pfennig und E. Sieverts; Bauherr Firma Perschmann.
Lit.: 6, 31.

Büro- und Lagergebäude
○ Fallersleber Str. 6–8; Eckgebäude; nach Westen geschlossene Bebauung (Nachbargrundstück z. Z. aber noch unbebaut).
○ Erbaut 1957–58; Architekt W. Thormann; Bauherr Siemens-Schuckertwerke AG.

Bezirksregierung und Finanzamt
○ Wilhelmstr. 3–4; Eckgebäude; nach Süden geschlossene Bebauung.
○ Erbaut 1957; Architekt Staatshochbauverwaltung; Bauherr Land Niedersachsen.
Lit.: 49.

Warenhaus Horten
○ Bohlweg 72–75; von 3 Straßen umgeben; freistehend.
○ Erbaut 1972–74; Architekten H. Bofinger & Partner; Bauherr Horten AG.
○ Städtebaulich und gestalterisch sehr umstritten.
Lit.: 54, 55, 56.

C & A
○ Münzstr. 7; von 3 Straßen umgeben; geschlossene Bebauung.
○ Erbaut 1954/55; Architekt E. A. Gärtner; Bauherr C & A Brenninkmeyer GmbH.
Lit.: 6, 9.

Waren-Lagerhaus
○ Leopoldstr. 6–7; freistehend.
○ Erbaut 1907; Architekt Zochmann (?); Bauherr Allgemeiner Consum-Verein.
○ Jugenstil-Ornamente.
Lit.: 56.

Verwaltungsgebäude
○ Bruchtorwall 13; Eckgebäude; geschlossene Bebauung.
○ Erbaut 1975; Architekt G. Schniepp; Bauherr Braunschweigische Landwirtschaftliche Berufsgenossenschaft.
Lit.: 6, 55.

Gymnasium Martino-Katharineum
○ Breite Str. 3–4; nach Norden an geschlossene Bebauung angefügter Gebäudekomplex.
○ Portal von 1592; Erweiterungsbau von 1981; Architekten H. J. Pysall, U. Jensen und P. Stahrenberg; Bauherr Stadt BS.
Lit.: 6, 35, 49.

Handelslehranstalt, Erweiterungen
○ Weberstr.; an Altgebäude angegliederter Lehrtrakt und freistehende Sporthalle.
○ Erbaut 1977 (Lehrtrakt) und 1980 (Sporthalle); Architekten H. J. Pysall, U. Jensen und P. Stahrenberg; Bauherr Stadt BS.
Lit.: 6, 55, 56.

Gewerbliche Berufsschule I
○ Inselwall 1A; freistehend.
○ Erbaut 1928; Architekt Städtisches Hochbauamt; Bauherr Stadt BS.
Lit.: 6.

Realschule
○ John-F.-Kennedy-Platz 1; freistehend.
○ Erbaut 1914 unter Wiederverwendung eines Portals von 1711.

Schloßparkpavillon
○ Bohlweg/Georg-Eckert-Str.; freistehend (auf der Decke der darunter liegenden Tiefgarage errichtet).
○ Erbaut 1974; Architekten H. Bofinger und Partner; Bauherren Stadt BS und Horten AG.
○ Pyramidenähnlicher Bau mit senkrecht verglaster Sockelzone, nach oben zur Mitte hin spiralförmig zulaufend, dabei abwechselnd Schichten aus Schrägfenstern und Pflanztrögen.
○ Stützenfreier, hallenartiger Raum.
○ Stahlbeton-Skelettbau.
○ Äußere Form in Anlehnung an den Helm des Südturms von Nr. 36.
Lit.: 6, Bw 27.1976, DBZ 4.1976.

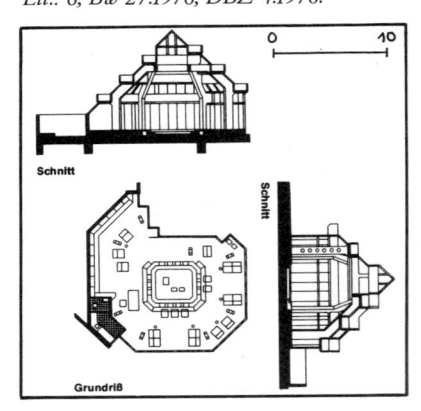

Öffentliche Bücherei
○ Hintern Brüdern 23; von 3 Straßen umgeben; im Osten an geschlossene Bebauung angefügt.
○ Erbaut 1926–27; Architekt H. Flesche, Bauherr Stadt BS; nach Kriegszerstörung (1944) 1958–65 teilweise wiederhergestellt; Architekten J. Herrenberger und H. Flesche; Bauherr Stadt BS.
Lit.: 4, 56.

Kapelle St. Leonhard
○ Leonhardplatz 1; freistehend.
○ Anfang 13. Jh. als Kapelle des Aussätzigenhospitals errichtet; Dachneigung im 17. Jh. durch Giebelaufmauerung erhöht; 1695 barocker Dachreiter aufgesetzt.
○ Rundbogenfenster an den Längsseiten; Satteldach.
○ Zweijochiger Ssaalbau mit schmalerem Chorquadrat und halbrunder Apsis; Kreuzgratgewölbe.
○ Bruchstein-Mauerwerk, verputzt.
○ Einflüsse von Nr. 22 und Nr. 149.
Lit.: 12, 16, 35, 49, 56.

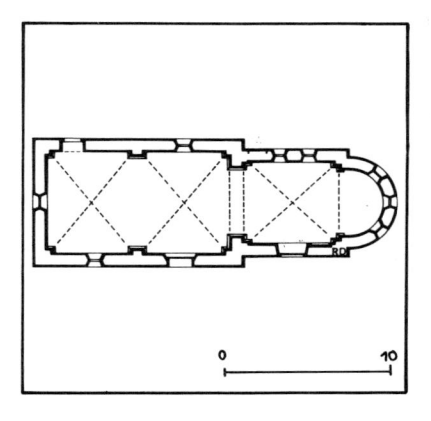

Schloß Richmond

○ Wolfenbütteler Str. 54–56; freistehender Gebäudekomplex aus Schloß und 2 Nebengebäuden.
○ Erbaut 1768–69; Architekt K. C. W. Fleischer; Bauherr Herzog C. W. F. von Braunschweig und Lüneburg für seine engl. Gemahlin; 1783–86 durch Dachaufbau, Balustradenattika und Nebengebäude ergänzt; Architekt C. G. Langwagen.
○ 2 Geschosse (1. OG als Mezzanin); Haupträume mit Rundbogenfenstern über 2 Geschosse; Nebenräume im EG mit giebelbekrönten Fenstern; ionische Pilastergliederung über beide Geschosse; Dachaufbau zur Belichtung des Mittelsaals; flachgeneigtes Walmdach.
○ Grundriß aus übereck gestelltem Quadrat entwickelt (die beiden Ecken der Hauptachse halbkreisförmig vorspringend, die beiden anderen abgerundet); alle Haupträume über 2 Geschosse (längsovales Eingangszimmer, längsovaler Mittelsaal mit korinthischen Pilastern, runder Gartensaal).
○ Ziegel-Mauerwerksbau; Werkstein (Fassade); Holz (Kranzgesims); Fachwerkbau (Nebengebäude).
○ Bedeutendes Beispiel spätbarocker Schloßarchitektur in Deutschland.
Lit.: 12, 35, 41, 49, 56.

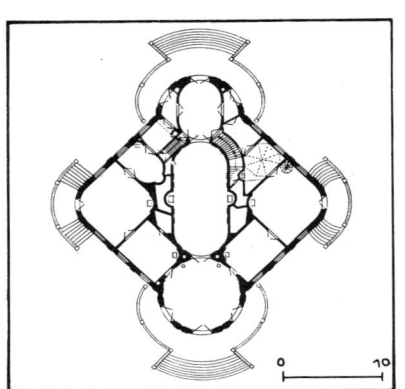

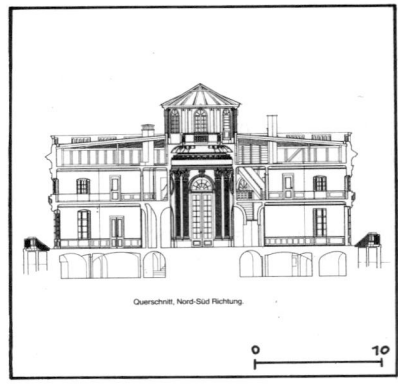

Ringgebiet – Klassizismus/Historismus

Ev. Pfarrkirche St. Pauli
○ Jasperallee 35C; freistehend.
○ Erbaut 1906; Architekt L. Winter; Bauherr Kirchengemeinde; nach Kriegszerstörungen (1944) Türme ohne die spitzen Zeltdächer wiederhergestellt.
Lit.: 6, 56.

Ev. Pfarrkirche St. Matthäus
○ Herzogin-Elisabeth-Str.; freistehend.
○ Erbaut 1902–04 als Garnisonkirche; Architekt Königlich-Preuß. Kriegsministerium; Bauherr Preußische Heeresbauverwaltung.
○ Chor in Anlehnung an die Neuwerkskirche in Goslar.
Lit.: 56.

Friedhofskapelle
○ Helmstedter Str. 38; freistehend.
○ Erbaut 1887; Architekt L. Winter; Bauherr Ev.-luth. Landeskirche.
Lit.: 6, 56.

Krematorium
○ Helmstedter Str. 38; freistehend.
○ Erbaut 1887.
Lit.: 56.

Jüdische Kapelle
○ Helmstedter Str. 38; freistehend.
○ Erbaut 1910; Architekt G. Lübke; Bauherr Jüdische Gemeinde.
Lit.: 6, 56.

Ev. Pfarrkirche St. Johannis
○ Leonhardstr. 38; freistehend.
○ Erbaut 1901–05; Architekt L. Winter.
Lit.: 55, 56.

Schillkapelle
○ Schillstr. 25; freistehend.
○ Erbaut 1837 zur Erinnerung an die erschossenen Offiziere des Schillschen Freikorps; Architekt Uhlmann.
Lit.: 56.

Herberge zur Heimat
○ Münchenstr. 11; freistehend.
○ Erbaut 1880.

Wohn- und Geschäftshäuser
○ Schleinitzstr. 9–17; geschlossene Bebauung.
○ Erbaut 1876; Architekten Orth und Knoblauch.
Lit.: 6.

Wohnhaus
○ Gaußstr. 16; freistehendes Eckgebäude.
○ Erbaut 1881–82; Architekten J. Fröhlich und P. Baumkauff.

Reihenwohnhaus
○ Gaußstr. 24–28; geschlossene Bebauung.
○ Erbaut 1882; Architekt und Bauherr H. Königsdorf; nachträglich verändert.
Lit.: 6, 56.

Polizeiverwaltung (ehem. Kaserne)
○ Humboldtstr. 31; freistehendes Eckgebäude.
○ Erbaut 1908 für das Inf.-Reg. Nr. 92; Architekt Militärbauamt (Hartmann, Schlenzig).
Lit.: 56.

Wohn- und Geschäftshaus
○ Hagenring 8; freistehendes Eckgebäude.
○ Erbaut 1902; Architekt W. Bartels; Bauherr H. Wilke.
Lit.: 6.

Wohngebäude
○ Jasperallee 1 A–C; freistehendes Eckgebäude.
○ Erbaut 1898; Architekten und Bauherren J. Fröhlich und P. Baumkauff.
Lit.: 6.

Mehrfamilienwohnhaus
○ Jasperallee 41; freistehendes Eckgebäude.
○ Erbaut 1901; Architekt Bauer; Bauherr C. Gröpler.
Lit.: 6.

Ehem. Mars-la-Tour-Kaserne
○ Altewiekring 20 A; freistehend.
○ Erbaut 1900 für das Husaren-Reg. Nr. 17.
Lit.: 56.

Wilhelm-Raabe-Gedächtnisstätte
○ Leonhardstr. 29 A; freistehendes Eckgebäude.
○ Erbaut 1889; Bauherr H. Bernfeld.

Geschäftshaus
○ Adolfstr. 1; freistehend.
○ Erbaut 1884; Architekten J. Fröhlich und P. Baumkauff; Bauherr E. Goedicke.

Wohnhaus
○ Adolfstr. 2; freistehend.
○ Erbaut 1884–85; Bauherr Engelke.

Wohnhaus
○ Adolfstr. 11; freistehend.
○ Erbaut 1887–88; Architekten C. Braun und F. Schönemann; Bauherr S. Dieckmann.

Wohn- und Geschäftshaus
○ Adolfstr. 35; freistehend.
○ Erbaut 1880; Architekten J. Fröhlich, P. Baumkauff; Bauherr C. Grundner.

Wohnhaus
○ Adolfstr. 36; freistehend.
○ Erbaut 1880; Architekt und Bauherr Gremmels.

Wohn- und Geschäftshaus
○ Adolfstr. 39; freistehend.
○ Erbaut 1889; Architekt und Bauherr L. Werner (?).

Wohn- und Geschäftshaus
○ Adolfstr. 40; freistehend.
○ Erbaut 1877; Architekt G. Eggeling (?); Bauherr F. Lemme.

Wohnhaus
○ Böcklerstr. 4; freistehend.
○ Erbaut 1874; Architekt J. Gill; Bauherr Munte.
Lit.: 6, 56.

Wohnhaus (Konzerthaus)
○ Böcklerstr. 232; freistehend.
○ Erbaut 1890; Architekt O. Rasche.
Lit.: 56.

Stadtparkrestaurant
○ Jasperallee 42; freistehend.
○ Erbaut 1884.
○ Typischer Fachwerkbau der Gründerzeit.
Lit.: 56.

Hauptgebäude der TU
○ Pockelsstr. 4; ehem. freistehend; heute mit Hochhaus (Nr. 183) verbunden.
○ Erbaut 1874–77; Architekten C. Uhde und Körner; Bauherr Herzogtum BS; nach Kriegszerstörung (1944) verändert wiederaufgebaut (ohne Südflügel).
○ 23 Fensterachsen; 2 und 3 Geschosse; Haupteingangsseite mit Eckrisaliten und erhöhtem Mittelrisalit; Flachdach.
○ Zweibündiges Grundrißsystem.
○ Ziegel-Mauerwerksbau, verputzt; Werkstein (u. a. Rustika-EG).
○ Fassadengestaltung in Anlehnung an die ital. Hochrenaiss.
Lit.: 6, db 86.1877, 12, 49, 56, 57.

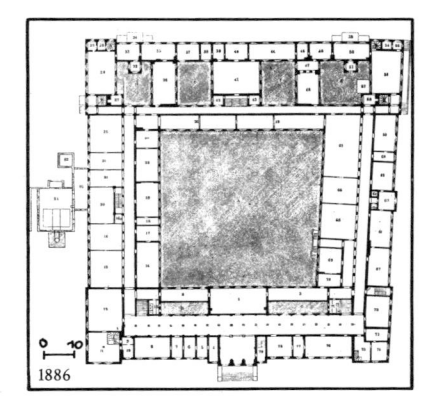

Grund- und Hauptschule
○ Sophienstr. 17; freistehendes Eckgebäude.
○ Erbaut 1894.

Grundschule
○ Bültenweg 9; freistehendes Eckgebäude.
○ Erbaut 1884.

Grundschule
○ Heinrichstr. 30; freistehendes Eckgebäude.
○ Erbaut 1896.

Wilhelmgymnasium
○ Leonhardstr. 63; freistehendes Eckgebäude.
○ Erbaut 1896; nachträglich erweitert.
Lit.: 56.

Ehem. **Zuckerraffinerie**
○ Frankfurter Str. 2; freistehender Gebäudekomplex.
○ Erbaut 1901–02; Architekten Rasche und Kratzsch.

Ehem. **Metallwarenfabrik**
○ Blumenstr. 36; freistehender Gebäudekomplex.
○ Erbaut 1907.

Industriebau
○ Ernst-Amme-Str. 19; geschlossene Bebauung.
○ 1902 als Gießerei errichtet; Bauherr Firma Amme, Giesecke & Konegen AG; nach Kriegszerstörung (1944) nur noch der Nordflügel erhalten.
Lit.: 56.

Mühlenanlage
○ Hannoversche Str. 60; freistehender Gebäudekomplex.
○ Erbaut 1912; Architekt Baubüro der Maschinen- und Mühlenbauanstalt G. Luther AG; Bauherr Braunschweiger Roggenmühle AG.
Lit.: 6, 25.

Wasserturm
○ Hochstr./Giersbergstr.; freistehend.
○ Erbaut 1901; Architekten L. Winter und M. Osterloh; Bauherr Wasserwerk der Stadt BS.
Lit.: 6, 56.

Verwaltungsgebäude (ehem. Sudhaus)
○ Wolfenbütteler Str. 39; freistehend (aber durch Brückengang mit anderem Brauereigebäude verbunden).
○ Erbaut 1883–84; Architekt J. P. Lipps; Bauherr C. Wolters & Co; 1976 umgebaut; Architekt H. Westermann; Bauherr Hofbräuhaus Wolters AG.
Lit.: 3, 6, 55, 56.

Ev. Pfarrkirche St. Jakobi
○ Goslarsche Str. 31; freistehender Gebäudekomplex aus Kirche und 2 angefügten Nebengebäuden.
○ Erbaut 1908–11; Architekten J. Kraaz und H. Fleck; Bauherr Kirchenbaudeputation der Gemeinde.
○ In Teilen sym. Fassaden; übereck plazierter Turm (quadratisch, mit Zwiebelhaube); Sattel- und Mansarddächer.
○ Kirche als Zentralraum (916 Plätze); Rechteckchor mit abgeschrägten Ecken.
○ Ziegel-Mauerwerksbau, verputzt; Werkstein (Rustika).
○ Einflüsse von barockisierendem Jugendstil.
Lit.: 6, 7, 56, ZB 52.1908.

Dominikanerkloster Albertus Magnus
○ Brucknerstr. 6; freistehender Gebäudekomplex aus Kirche, Turm, Klosteranlage, Jugendheim und Wirtschaftsgebäude.
○ Erbaut 1956–57; Architekt H. J. Lohmeyer; Bauherr Dominikanerprovinz Teutonia e.V.
○ Kirche und Turm durch Gang verbunden; Einbeziehung des hier sichtbaren konstruktiven Gerippes in die Gestaltung; Klostergebäude zwei- und dreigeschossig; Satteldächer.
○ Kirchenraum als einschiffige Halle.
○ Stahlbeton-Skelettbau; Ziegel-Mauerwerksbau.
Lit.: DBZ 9.1959, 43, 49.

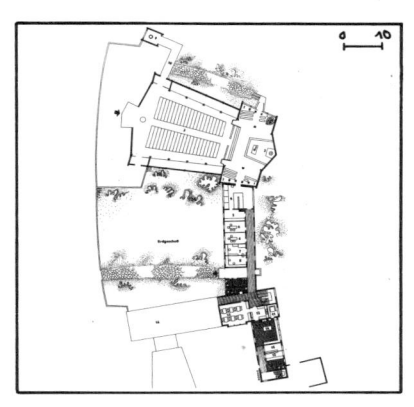

Stadthalle
○ Leonhardplatz 14; freistehend.
○ Erbaut 1962–65; Architekten H. Stumpf und P. Voigtländer; Bauherr Stadt BS.
○ Stark gegliederter Baukörper; Fassaden mit Wechsel von geöffneten und geschlossenen Wandteilen; unterschiedliche Fenstergrößen und -formen.
○ Großer Saal (2300 Plätze), Kleiner Saal (500 Plätze), Vortragssaal (200 Plätze), Restaurant.
○ Stahlbeton-Skelettbau, auf Dreiecksraster; Werkstein (Fassade).
○ Peter-Joseph-Krahe-Preis 1966.
Lit.: 6, 23, 49, 55, 56.

Eingangsgebäude des Hauptfriedhofes
○ Helmstedter Str. 38; freistehend.
○ Erbaut 1975–76; Architekt Stadtkirchenbauamt (R. Dorn); Bauherr Ev.-luth. Stadtkirchenverband.
○ Peter-Joseph-Krahe-Preis 1984.
Lit.: 55.

Wohnanlage

○ Broitzemer Str./Bugenhagenstr./Sophienstr.; freistehender Gebäudekomplex.
○ Erbaut 1984–86; Architekt J. Lepper; Bauherr Firma Munte, Bauherrengemeinschaft/Gothaer Lebensversicherung.
○ 4 Geschosse (3. OG als SG); in Teilen sym. Fassaden; Haupteingänge in eingezogenen zweigeschossigen Loggien; hauptsächliche Gestaltungselemente Segmentbogen, Halbkreis, Dreieck und Quadrat; flachgeneigte Satteldächer.
○ 2 L-förmige Baukörper um gemeinsamen Innenhof.
○ Ziegel-Mauerwerksbau, verputzt.
Lit.: 6.

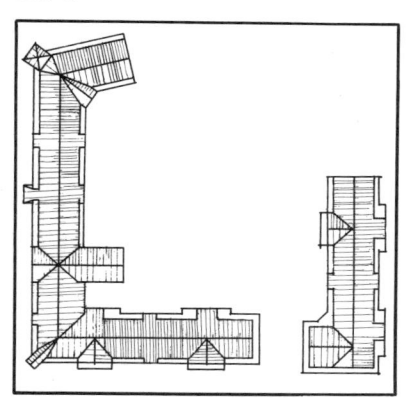

Mehrfamilienhaus

○ Hans-Sommer-Str. 77–78; freistehend.
○ Erbaut 1971; Architekten H. J. Pysall und E. Rollenhagen; Bauherr Deutsche Bundespost.
○ 4–8 Geschosse (und DG); stark gegliederte, verschieden hohe, halbgeschossig gegeneinander versetzte Gebäudetrakte; Fenster größtenteils in den Gebäudeecken angeordnet; Flachdächer.
○ Ein zwei- und ein vierbündiges Grundrißsystem; differenzierte Wohnungen.
○ Ziegel-Mauerwerksbau, Verbundbauweise; Sichtbeton.
○ Bedeutendstes Mehrfamilienhaus der siebziger Jahre in BS.
Lit.: 6, Bm 12.1973, 55, 56.

Ringgebiet – Moderne

Atrium-Hotel (Mercure-Atrium-Hotel)
○ Berliner Platz 3; freistehendes Eckgebäude.
○ Erbaut 1966; Architekten F. W. Kraemer, G. Pfennig und E. Sieverts; Bauherr Iduna-Versicherung AG.
○ 5 Geschosse; EG und 1. OG mit transparenten Fassaden; darauf dreigeschossiger, nahezu geschlossener Block; Flachdach.
○ Vierflügelige Anlage um einen Innenhof; ein- (NO-Flügel) zweibündiges Grundrißsystem mit zum Hof orientierten Zimmern; insgesamt 174 Betten; Erschließung in den Eckpunkten.
○ Stahlbetonbau; Waschbeton (Fassade).
Lit.: 4, 6, Bm 3.1968, DBZ 8.1968, 23, 26, 31, 49, 54, 56.

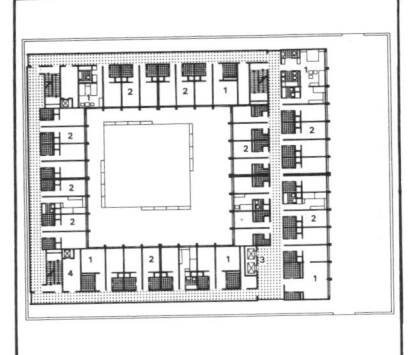

Wohnhochhäuser / Einkaufszentrum
○ Kurt-Schumacher-Str. 1–13; freistehender Gebäudekomplex aus 3 Hochhäusern und vorgelagertem Einkaufszentrum.
○ Erbaut 1967–72; Architekten F. W. Kraemer, G. Pfennig und E. Sieverts; Bauherr Iduna AG.
○ 15 und 20 Geschosse; starke Plastizität der Fassaden durch unterschiedlich angeordnete Balkone, eingezogene Gebäudeecken und zurückspringende Zonen im Bereich der Mittelachsen; Flachdächer.
○ Insgesamt 350 Wohnungen; je Geschoß 6–8 Ein- bis Dreizimmerwohnungen um einen mittigen Erschließungskern; Dachterrassen.
○ Stahlbetonbau; Waschbeton (Fassade).
Lit.: 6, B+W 12.1973, 26, 31, 49, 55.

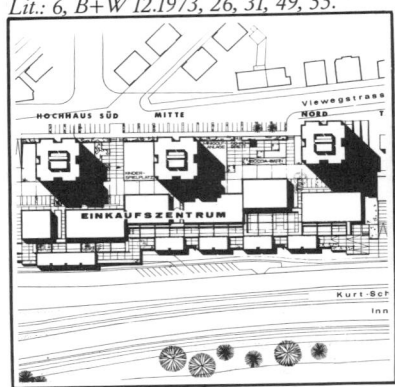

Einfamilienhaus
○ Wolfenbütteler Str. 45 A; freistehend.
○ Erbaut 1956–57; Architekt F. W. Kraemer; Bauherr Sandforth; nachträglich verändert.
○ 5/4 Konstruktionsachsen; 2 Geschosse; sichtbares konstruktives Gerippe, gefüllt durch geschoßhohe Fenster im Wechsel mit geschlossenen Fassadenteilen; Flachdach.
○ Durchdringung von Innen- und Außenraum durch weitgehend vom statischen System getrennte Grundrisse sowie transparente Wände.
○ Stahl-Skelettbau; Ziegel, Holz.
○ Bedeutendstes Einfamilienhaus der fünfziger Jahre in BS.
Lit.: 6, B+W 1.1961, DBZ 5.1960, 26, 31.

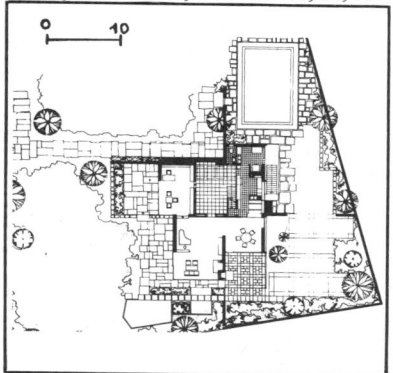

Wohnanlage (mit Alten- und Kindertagesstätte)
○ Frankfurter Str. 14–18; geschlossene Bebauung.
○ Erbaut 1977–79; Architekten H. Westermann, H. Scherer, D. Fischer und M. Schaefer; Bauherr Nibelungen Wohnbau GmbH/Stadt BS.
○ Peter-Joseph-Krahe-Preis 1982.
Lit.: 6, 55.

Wilhelm-Bracke-Hof
○ Broitzemer Str. 237–242; freistehender, zur Straße U-förmig geöffneter Baublock.
○ Erbaut 1929; Architekt H. C. Bartels; Bauherr Baugenossenschaft der Kriegsteilnehmer, Kriegsbeschädigten und Kriegshinterbliebenen.
Lit.: 37.

Mehrfamilienwohnhaus
○ Altstadtring 35–52/Broitzemer Str. 231–234; geschlossene Bebauung.
○ Erbaut 1929–30; Architekt F. Rambow; Bauherr Braunschweiger Baugenossenschaft.
Lit.: 37.

Einfamilienhäuser
○ Maibaumstr. 6 G, 7 D-I; freistehend.
○ Erbaut 1957; Architekten J. Schweitzer, G. Laage und Partner; Bauherr A. Wiswedel.
○ Peter-Joseph-Krahe-Preis 1958.

Reihenwohnhäuser
○ Julius-Konegen-Str. 3–12; geschlossene Bebauung.
○ Erbaut 1922; Architekt Baubüro der Firma Amme, Giesecke & Konegen AG; Bauherr Firma Amme, Giesecke & Konegen AG.
Lit.: 6.

Ringgebiet – Moderne

(Ehem. Stahlhelm-)Wohnblock
O Wendenring 12–17/Huttenstr. 10–13/Ratsbleiche 4–6; geschlossene Bebauung.
O Erbaut 1925–27; Architekt R. Siedentop; Bauherr Gemeinnützige Stahlhelm-Wohnungsbaugesellschaft mbH.
Lit.: 37.

Wohnhaus
O Am Wendenwehr 5–7; nach Osten geschlossene Bebauung.
O Erbaut 1912; Architekt und Bauherr W. Morgenstern.

Studentenwohnheim
O Rebenring 61–64; von 4 Straßen umgeben; freistehend.
O Erbaut 1976–77; Architekten H.-J. Giesler, R. Giesler und Partner; Bauherr Studentenwerk BS.
O Städtebaulich und gestalterisch sehr umstritten.
Lit.: 55, 56.

Wohnhaus
O Am Bülten 40; freistehend.
O Erbaut 1964; Architekt H.-J. Hinze; Bauherr C. Zahn.
Lit.: 6, 54.

Studentenwohnheim „Langer Kamp"
O Hans-Sommer-Str. 25; freistehender Gebäudekomplex.
O Erbaut 1956–58; Architekten F. W. Kraemer und J. Herrenberger; Bauherr Studentenwerk BS.
Lit.: 49, 54.

Wohnhaus
O Gliesmaroder Str. 40; freistehend.
O Erbaut 1927–28; Architekt und Bauherr H. Johannes.

Mehrfamilienwohnhaus
O Schunterstr. 2–3; freistehend.
O Erbaut 1928–29; Architekt und Bauherr G. Lippelt.

Mehrfamilienhaus
O Heinrichstr. 31; freistehendes Eckgebäude.
O Erbaut 1985–86; Architekt W. Boekhoff; Bauherr Gesellschaft für urbanes Wohnen mbH.

Dachgeschoßausbau
O Jasperallee 19.
O Erbaut 1984; Architekt und Bauherr H. Maurer.
Lit.: 6.

Mehrfamilienwohnhaus
O Fontanestr./Hänselmannstr.; Eckgebäude; geschlossene Bebauung.
O Erbaut 1928; Architekt F. Rambow; Bauherr Braunschweiger Baugenossenschaft.
Lit.: 6, 37.

Mehrfamilienhaus
O Kleine Leonhardstr. 5–6; freistehend.
O Erbaut 1983; Architekt H.-J. Tönnies; Bauherr Bauherrengemeinschaft.

Wohnhaus
O Leonhardstr. 41; freistehend.
O Erbaut 1926; Architekt J. Kölling; Bauherr Braunschweiger Philologen Verein.

Reihenwohnhäuser
O Helmstedter Str. 81A–C; geschlossene Bebauung.
O Erbaut 1984–85; Architekt U. Hausmann; Bauherr V+V Vermietungs- und Verwaltungsgesellschaft mbH.
Lit.: 6.

Wohn- und Bürogebäude
O Kurt-Schumacher-Str. 18–19; freistehend.
O Erbaut 1976–78; Architekt H.-J. Tönnies; Bauherr Vereinigte Krankenversicherung AG.
O Peter-Joseph-Krahe-Preis 1982.
Lit.: 6, 55.

Einfamilienhaus
○ Braunlager Str. 1; freistehend.
○ Erbaut 1984; Architekt H.-J. Tönnies; Bauherr K. Bens.
Lit.: 6.

Büro- und Lagerhaus
○ Ekbertstr. 14; freistehend.
○ Erbaut 1929–30; Architekt O. Haesler; Bauherr Deutscher Einkaufsverband.
○ 4/5 Konstruktionsachsen; 4 Geschosse (auf hoch herausgehobenem UG); kubischer Baukörper; Haupteingangs-Seite mit mittlerer gebäudehoher Wandöffnung sowie seitlich je 3 querrechteckigen Fenstern; an den Längsseiten horizontale, durch die Stützen geteilte Fensterbänder; Flachdach.
○ Urspr. 1 Büro- und 3 Lagergeschosse.
○ Stahl-Skelettbau, verputzt.
○ Bedeutendster noch erhaltener Bau des Neuen Bauens der zwanziger Jahre in BS.
Lit.: 6, db 64.1930, 56.

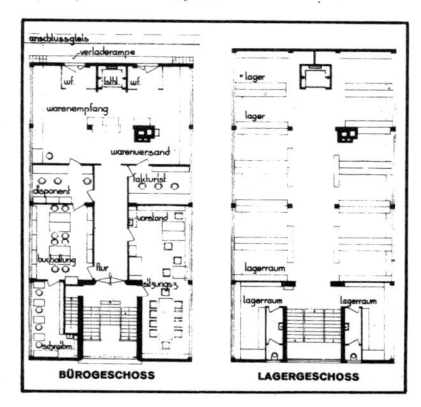

Postamt
O Blumenstr. 1; freistehend.
O Erbaut 1968–71; Architekt P.-G. Lachmann; Bauherr Oberpostdirektion BS.
Lit.: D 5.1973, 54, 56.

Arbeitsamt
O Cyriaksring 10; freistehender Gebäudekomplex.
O Erbaut 1939–40; Architekt F. Grabe; Bauherr Reichsanstalt für Arbeit; erweitert 1957 und 1985–86; Architekten C. Henze und H. Vahjen; Bauherr Bundesanstalt für Arbeit.
Lit.: 6, db 49/50.1941.

Verwaltungsgebäude des Studentenwerks
O Katharinenstr. 1; freistehend.
O Erbaut 1968–69; Architekt W. Henn; Bauherr Land Niedersachsen.
Lit.: DBZ 7.1974, 54.

Verwaltungsgebäude
O Obergstr. 1–3, 5; in mehreren Bauabschnitten errichteter, vielteiliger Gebäudekomplex.
O Erbaut 1961 (Architekt H. Westermann), 1965–66, 1970 und 1976 (Architekten H. Laskowski und F. Schneidewind); Bauherr Öffentliche Versicherung.
Lit.: 4, 6, 23, 54.

Verwaltungsgebäude
O Kurt-Schuhmacher-Str. 20; freistehender Gebäudekomplex.
O Erbaut 1963; Architekt H. Westermann; Bauherr Landesversicherungsanstalt.
Lit.: 6, 49.

Verwaltungsgebäude
O Kurt-Schuhmacher-Str. 21; freistehend.
O Erbaut 1957–59; Architekt B. Gruson; Bauherr Braunschweigische Lebensversicherung AG.
Lit.: 4, 49.

Verwaltungsgebäude
O Wolfenbütteler Str. 33; freistehend.
O Erbaut 1969–71; Architekten H. Westermann, H. Scherer, D. Fischer und M. Schaefer; Bauherr Brauerei Feldschlößchen AG.
Lit.: 6, 54.

Hochschule für Bildende Künste (ehem. Reichsarbeitsdienstbekleidungsamt)
○ Broitzemer Str. 230; freistehender Gebäudekomplex.
○ Erbaut 1934; Architekt H. Reichow; 1984 erweitert und umgebaut; Architekten F. W. Kraemer, E. Sieverts und Partner; Bauherr Niedersächsische Hochschulbaugesellschaft mbH.
○ Mensa und Aula ein-, Lehrgebäude drei- und viergeschossig; Walm- und Flachdach.
○ Erweiterungsbau im Inneren z. T. sechsgeschossig.
○ Stahlbeton-Skelettbau, verputzt (Altbau); Ziegel-Mauerwerksbau.
Lit.: 5, 6, Bm 2.1986, Bw 49.1936, 31.

Mensa der TU
○ Katharinenstr. 1; freistehend.
○ Erbaut 1961–62; Architekt W. Henn; Bauherr Land Niedersachsen.
○ 9/16 Konstruktionsachsen; 1 Geschoß; kubischer Baukörper, bis auf Westseite geschoßhoch verglast (dort Anlieferung mit Rampe); oberes, umlaufendes Stahlband.
○ Nur eine (mittige) Stützenreihe, dadurch größtmögliche Flexibilität; um den Küchenbereich gruppieren sich U-förmig die Speisesäle mit über 1000 Plätzen.
○ Stahl-Skelettbau; Werkstein.
○ Peter-Joseph-Krahe-Preis 1963; Vorbild für viele Mensen und Kantinen.
Lit.: 4, 6, Bm 10.1963, 23, 49, 54, 56.

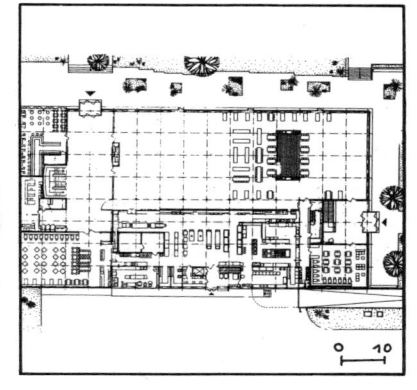

Ringgebiet – Moderne

Mehrzweckgebäude der TU (BS 4)
○ Mühlenpfordtstr.; freistehend.
○ Erbaut 1976 (auf den Bau der 2 weiteren Bauabschnitte ist verzichtet worden); Architekten H. J. Pysall, U. Jensen und P. Stahrenberg; Bauherr Niedersächsische Hochschulbaugesellschaft mbH.
○ 13 Geschosse; vertikal gegliederte, nicht flächige Fassaden (Stützenpaare vor der transparenten Fensterebene); Nord- und Südseite ungestaltet; Flachdach.
○ Stahlbeton-Skelettbau; Glas.
○ Aufgrund der Gebäudehöhe innerhalb der umgebenden, wesentlich niedrigeren Bebauung städtebaulich umstritten.
Lit.: 6, Bm 11.1978, 55, 56.

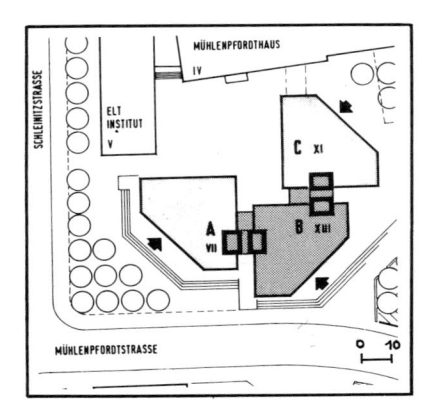

Institut der TU (Elektrotechnik)
○ Mühlenpfordtstr.; mit anderen Bauten verbunden (an Nordseite mit Nr. 180).
○ Erbaut 1927–29; Architekt K. Mühlenpfordt; Bauherr Land BS.
○ 4 Geschosse; Westseite mit geschoßweise wechselnder Wandausbildung (EG als leicht geböschter Sockel mit horizontal gegliedertem Mauerwerk, 1. OG flächig, Wandfläche darüber gegliedert durch engstehende Pfeiler mit zurückgesetzten Fenster- und Mauerfüllungen); Ostseite flächig mit EG-Fenstern in spitzbogigen Blenderarkaden; Flachdach.
○ Ziegel-Mauerwerksbau.
Lit.: A 4.1977, 6, 56.

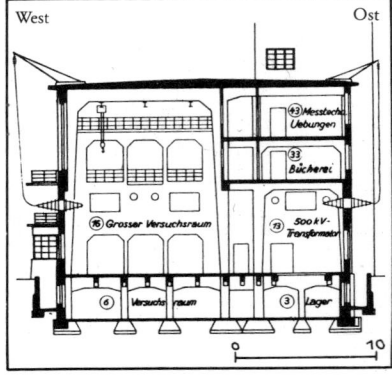

Institute der TU (Elektrotechnik)

○ Schleinitzstr. 21–24; durch viergeschossigen Verbindungsbau an Nr. 179 angebaut.
○ Erbaut 1960–61; Architekt F. W. Kraemer; Bauherr Land Niedersachsen.
○ 17 Konstruktionsachsen; 5 Geschosse (auf zur Straße durch Graben belichtetem UG); Längsfassaden nach strengem Proportionsschema aufgebaut (Seitenverhältnisse der Teilungen 1:1 und 1:2); bis zum 3. OG ist das sichtbare konstruktive Gerippe in quadratische Felder mit je 2 Fenstern aufgeteilt; Fenster horizontal nach den Verhältnissen 1:1 und 1:2 geteilt, mit unterer, querrechteckiger Brüstungsplatte (1:2); 4. OG, ebenso wie die Schmalseiten, mit geschlossenen Wandflächen (lediglich Rechtecköffnungen für dahinter liegende Terrassen); Flachdach.
○ Zweibündiges Grundrißsystem; bis einschließlich 3. OG Institutsräume; im 4. OG Hörsaal und Seminarraum mit zugeordneten Dachterrassen.
○ Stahlbeton-Skelettbau (außen Fertigstützen, sonst Ortbeton); Betonwerkstein, geschliffen (Schmalseiten und Außenwände im 4. OG).
○ Bedeutendstes, nach dem II. Weltkrieg entstandenes Hochschulgebäude in BS.
Lit.: B+W 8.1962, 23, 31, 56.

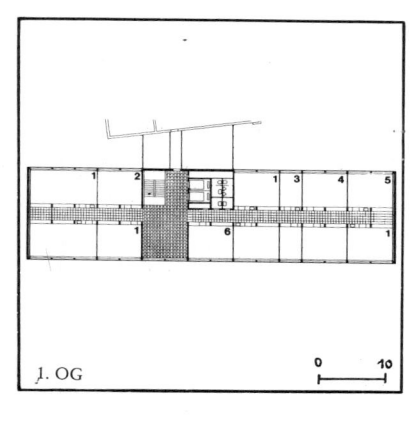

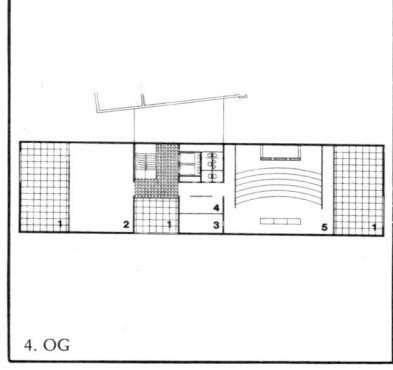

Hörsaalgebäude der TU

○ Pockelsstr. 4; freistehendes, über eingeschossigem Institutsgebäude errichtetes „Brückenhaus", durch geschlossene Brückengänge an Nr. 179 und 183 angebunden.
○ Erbaut 1958–60; Architekt D. Oesterlen; Bauherr Land Niedersachsen.
○ 9 Konstruktionsachsen; 3 Geschosse; Längsseiten durch die aus der Fensterebene vorspringenden Stützen gegliedert; Flachdach.
○ Einbündiges Grundrißsystem mit 2 gebäudehohen Hörsälen und Nebenräumen.
○ Stahl-Skelettbau; Glas.
○ Peter-Joseph-Krahe-Preis 1960.
Lit.: 4, 6, Bw 15.1961, DBZ 7.1962, 23, 56.

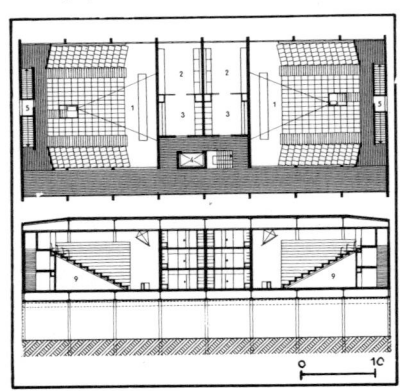

Fakultätsgebäude der TU

○ Pockelsstr. 4; an Nr. 157 angebunden.
○ Erbaut 1954–56; Architekt D. Oesterlen; Bauherr Land Niedersachsen.
○ 20 Fensterachsen; 17 Geschosse (und DG als SG mit Dachterrasse; flächige Fassaden (sichtbares konstruktives Gerippe, Fenster und Brüstungsfelder in einer Ebene); Schmalseiten ohne Wandöffnungen; Flachdach.
○ Einbündiges Grundrißsystem mit geschoßweise unterschiedlichen Raumaufteilungen.
○ Stahlbeton-Skelettbau; Kunststein.
○ Aufgrund der Gebäudehöhe städtebaulich umstritten.
Lit.: 4, Bw 9.1958, 6, 23, 49, 56.

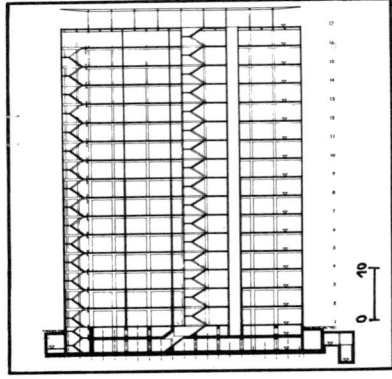

Auditorium Maximum der TU

○ Pockelsstr. 15; mit Nr. 185 durch gemeinsame Dachterrasse verbunden.
○ Erbaut 1958; Architekt F. W. Kraemer; Bauherr Land Niedersachsen.
○ Gesamtbaukörper addiert aus 2 Einzelkuben; transparentes EG (8/9 Konstruktionsachsen) mit umlaufenden Kolonnaden; mittig nach oben herausragender zweiseitig verglaster Kubus (5/5 Konstruktionsachsen); Flachdächer.
○ Foyer im EG; Hörsaal mit 1000 Plätzen über fensterlosem Hörsaal mit 600 Plätzen angeordnet.
○ Stahlbeton-Skelettbau.
Lit.: 6, B+W 8.1962, 12, 23, 26, 31, 49, 56.

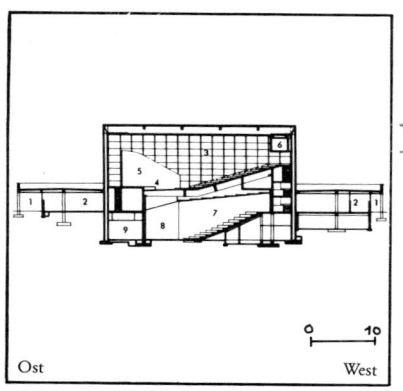

Rektoratsgebäude der TU

○ Pockelsstr. 14; mit Nr. 184 durch gemeinsame Dachterrasse und mit Nr. 186 durch Brüstungsband über dem EG verbunden.
○ Erbaut 1960; Architekt F. W. Kraemer; Bauherr Land Niedersachsen.
○ 31 Fensterachsen; 7 Geschosse (EG und 1. OG mit größerer Geschoßhöhe, ab 2. OG in Längsrichtung vorkragend); Längsseiten mit horizontalen Brüstungs- und Fensterbändern; Flachdach.
○ Dreibündiges Grundrißsystem (z. T. durch Einbeziehung der Flurbreite größere Raumtiefe).
○ Stahlbeton-Skelettbau.
Lit.: 6, B+W 8.1962, 12, 26, 31, 56.

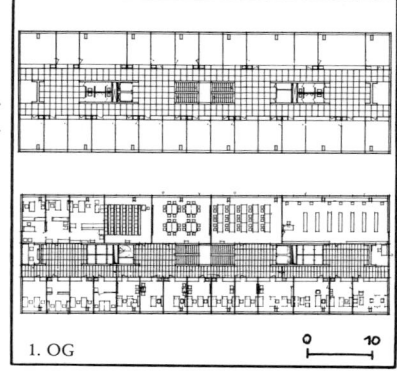

Ost — West

1. OG

Bibliothek der TU

○ Pockelsstr. 13; freistehend, jedoch durch Brüstungsband über dem EG mit Nr. 185 verbunden.
○ Erbaut 1969–71; Architekten F. W. Kraemer, G. Pfennig und E. Sieverts; Bauherr Niedersächsische Hochschulbaugesellschaft mbH.
○ 1 und 4 Geschosse; Gesamtbaukörper addiert aus 2 Einzelkuben; transparentes, mit umlaufenden Kolonnaden versehenes EG; darüber überwiegend geschlossener, die 3 Obergeschosse aufnehmender Kubus mit kleinerer, aber im Norden über das EG hinausragender Grundfläche; transparentes 1. OG; Süd- und Westseite im 3. OG mit sägezahnartig vorkragenden Einzelarbeitsboxen; Flachdächer (z. T. mit Oberlichtern).
○ Im 1. und 2. UG die Magazine für 600 000 Bände; EG mit Innenhof; ab dem EG die gebäudehohe, die einzelnen Lesesaalebenen (1.–3. OG) unterschiedlich durchdringende Halle; Büroräume an der Ostseite.
○ Stahlbeton-Skelettbau (Ortbeton und Fertigteile); Fassadenelemente sandgestrahlt.
○ Bedeutender Bibliotheksneubau in der Bundesrepublik Deutschland.

Lit.: 6, DBZ 12.1973, DBZ 5.1975, 12, 26, 31, 49, 55, 56.

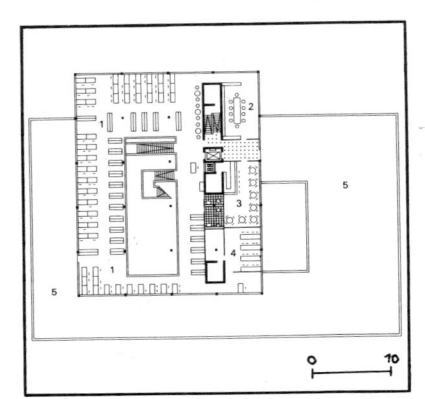

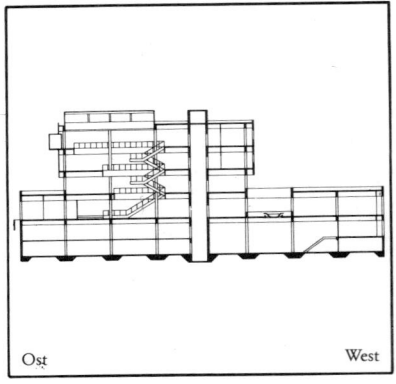

Kant-Hochschule / Naturhistorisches Museum (jetzt Mehrzweckgebäude der TU; bis 1945 Bernhard-Rust-Universität)
O Konstantin-Uhde-Str. 16; freistehender Gebäudekomplex.
O Erbaut 1934–37; Architekt E. Herzig; Bauherr Land BS.
O 2, 3 und 6 Geschosse; plastische, vertikal gegliederte Fassaden; vielzählige, fassadenschmückende Mauerwerkdetails; Satteldächer (mit Turmaufbau und Zwerchgiebelgruppe).
O Ziegel-Mauerwerksbau.
O Spätes Beispiel des norddt. Backstein-Expressionismus.
Lit.: 6, 12, 56.

Institute der TU (Chemie)
O Hagenring 30; freistehendes Eckgebäude.
O Erbaut 1982–85; Architekten D. Husemann und C. Wiechmann; Bauherr Niedersächsische Hochschulbaugesellschaft mbH.
O 3 und 4 Geschosse; im Gegensatz zu den übrigen Gebäudetrakten ist der an der Zimmerstr. durch Einschnitte gegliedert; Flachdach.
O Zwei- und dreibündiges Grundrißsystem; D-förmiger Grundriß mit Innenhof.
O Stahlbeton-Skelettbau; Ziegel.
O Fassadengestaltung der Haupteingangsseite ohne erkennbare Ordnung.
Lit.: 6, Bw 3.1983.

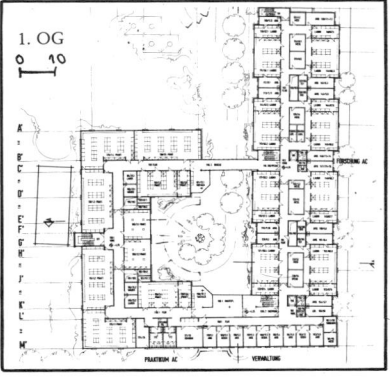

Institute der TU (für Kolben- und Strömungsmaschinen)
○ Langer Kamp 6; freistehender Gebäudekomplex aus Lehr- und Verwaltungsgebäude, 2 mit diesem durch verglaste Übergänge verbundene Versuchshallen sowie Garagen.
○ Erbaut 1966; Architekt W. Henn; Bauherr Land Niedersachsen.
○ Kubische Baukörper; Lehr- und Verwaltungsgebäude dreigeschossig.
○ An den Längsseiten der Hallen eingestellte, übereinander angeordnete Prüf- und Werkstatträume.
○ Stahlbeton- bzw. Stahl-Skelettbau (Verbindungsgänge); Waschbeton; Ziegel.
Lit.: 6, Bm 9.1967, DBZ 11.1970 und 5.1976.

Institut der TU (Verfahrenstechnik)
○ Langer Kamp 7; freistehend.
○ Erbaut 1966; Architekt W. Henn; Bauherr Land Niedersachsen.
○ 3 Geschosse; kubischer Baukörper; Flachdach.
○ Um die gebäudehohe Versuchshalle sind an der Südseite die Lehr- und Büroräume, an der Nordseite Laborräume und Werkstatt angeordnet.
○ Stahlbeton-Skelettbau; Sichtbeton, braun gestrichen.
Lit.: 6, Bm 9.1967, DBZ 11.1970, DBZ 5.1976.

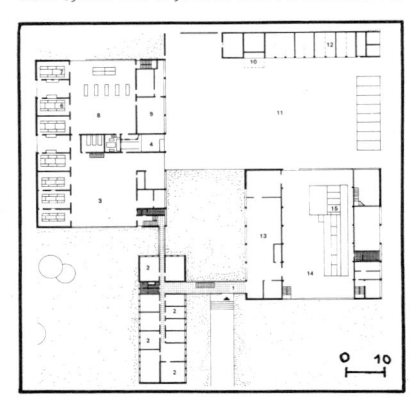

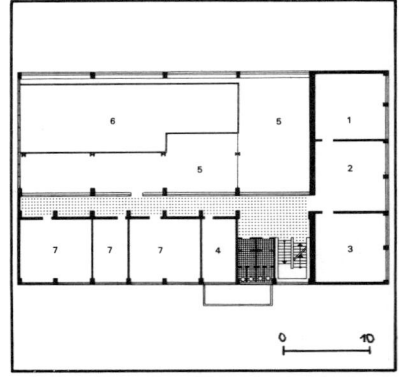

Institute der TU (Pharmazie)
O Mendelssohnstr.; über gemeinsame Eingangshalle mit dem Altbau verbunden.
O Erbaut 1979–81 (Erweiterungsbau); Architekten F. W. Kraemer, E. Sieverts und Partner; Bauherr Niedersächsische Hochschulbaugesellschaft mbH.
O 3 Geschosse; Längsseiten vertikal durch (verkleidete) Stützen, horizontal durch dazwischen angeordnete Fenster- und Brüstungsbänder gegliedert; Flachdächer; Schrägverglasungen.
O H-förmiger Grundriß; 4 Institute mit Labors und zentral liegenden Hörsälen.
O Stahlbeton-Skelettbau.
Lit.: 6, Bw 3.1983, 31.

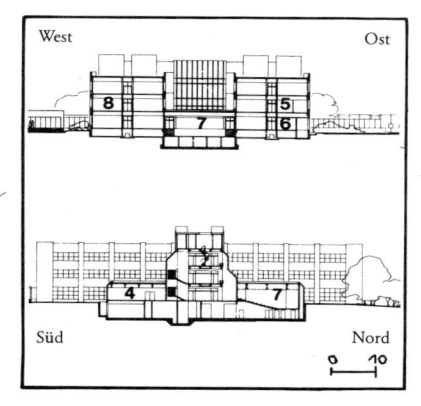

Institut für Angewandte Mikroelektronik
O Richard-Wagner-Str. 1; freistehend.
O Erbaut 1984–86; Architekten H. Schulitz und Partner; Bauherr Land Niedersachsen/Stadt BS.
O 18 Konstruktionsachsen; 3 Geschosse; Südhälfte in 4 Einzelbaukörper gegliedert; Nordseite als ein durchgehender Trakt; dazwischen der Erschließungsbereich; starke Plastizität der Fassaden, Flachdach; Schrägverglasung.
O Zwei- und dreibündiges Grundrißsystem; Büro- und Laborräume, Bibliothek, Hörsaal, Maschinenlabor.
O Stahlbeton-Skelettbau (Fertigteile).
Lit.: 5, 6.

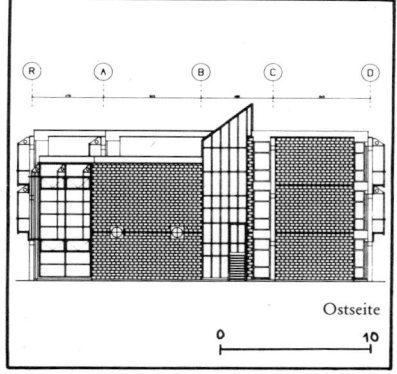

Müller-Schule/Braunschweig-Kolleg
(ehem. Akademie für dt. Jugendführung)
○ Wolfenbütteler Str. 57; freistehender Gebäudekomplex.
○ Erbaut 1937–39; Architekt E. zu Putlitz; Bauherr NSDAP.
○ Lehrgebäude zwei- und dreigeschossig (und DG); über der mittleren, gebäudehohen Pfeilerhalle sollten urspr. zwei 7 m hohe Jünglings-Statuen stehen; Flachdächer; 6 zweigeschossige Wohnhäuser; Walmdächer.
○ H-förmiger Grundriß (Lehrgebäude).
○ Ziegel-Mauerwerksbau; Werkstein.
○ In BS markantestes Beispiel der neuklassiz., nationalsozialistischen Baugesinnung.
Lit.: 6, 12, 42, 51, 56.

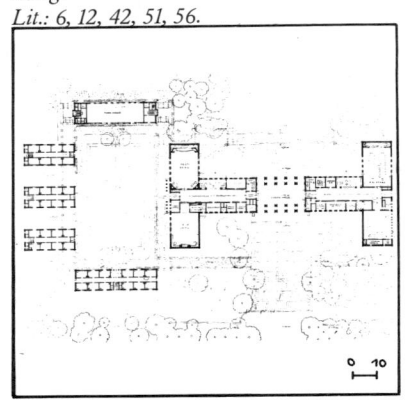

Biozentrum
○ Konstantin-Uhde-Str. / Spielmannstr.; an Nr. 195.2 angebunden.
○ Erbaut 1985–88; Architekten D. Husemann und C. Wiechmann; Bauherr Land Niedersachsen.
Lit.: 6.

Institut der TU (Biochemie)
○ Konstantin-Uhde-Str. 7; freistehend.
○ Erbaut 1981; Architekten M. von Gerkan, V. Marg und Partner; Bauherr Niedersächsische Hochschulbaugesellschaft mbH.
Lit.: 6.

Institut der TU (Wärme- und Brennstofftechnik)
○ Franz-Liszt-Str. 35; freistehend.
○ Erbaut 1969–71; Architekt W. Henn; Bauherr Niedersächsische Hochschulbaugesellschaft mbH.
Lit.: Bm 5.1973, DBZ 5.1976, 54.

Fakultätsgebäude III der TU
○ Hans-Sommer-Str. 66; freistehender, dreiteiliger Gebäudekomplex.
○ Erbaut 1970–75; Architekt Neue Heimat Städtebau / K. Otto; Bauherr Niedersächsische Hochschulbaugesellschaft mbH.
Lit.: 6, 54, 55.

Rechenzentrum der TU
○ Hans-Sommer-Str.; freistehend.
○ Erbaut 1980–81; Architekten H. Westermann, H. Scherer, D. Fischer, M. Schaefer /D. Galda, J. Kaiser und R. Böttcher; Bauherr Niedersächsische Hochschulbaugesellschaft mbH.
Lit.: 6, Bw 3.1983.

Institut der TU (Wasser- und Grundbau)
○ Beethovenstr.; freistehender, dreiteiliger Gebäudekomplex.
○ Erbaut 1970–73; Architekten M. Lehmbruck und R. Henschker; Bauherr Niedersächsische Hochschulbaugesellschaft mbH.
Lit.: 54, 55, 56.

Leichtweissinstitut der TU
○ Beethovenstr. 51; freistehender Gebäudekomplex.
○ Erbaut 1973; Architekten M. Lehmbruck / R. Henschker; Bauherr Niedersächsische Hochschulbaugesellschaft mbH.
Lit.: 6.

Berufsbildende Schulen (Kinderpflege und Hauswirtschaft)
○ Kastanienallee 71; Anbau.
○ Erbaut 1981; Architekten V. Kersten, E. Martinoff und H. Struhk; Bauherr Stadt BS.
Lit.: 6.

Hans-Würtz-Schule
○ Schefflerstr.; freistehender Gebäudekomplex.
○ Erbaut 1983; Architekten D. Galda, J. Kaiser und R. Böttcher; Bauherr Stadt BS.
Lit.: 6.

Verlags- und Druckereigebäude
○ Hamburger Str. 277; freistehender Gebäudekomplex aus Verwaltungsgebäude, Druckerei und Kantine (durch Passage miteinander verbunden).
○ Erbaut 1981; Architekten F. W. Kraemer, E. Sieverts und Partner; Bauherr Albert Limbach Druck- und Verlagsgesellschaft mbH (Braunschweiger Zeitung).
○ Verwaltung 3–5 Geschosse, Druckerei 1–3 Geschosse; Flachdächer.
○ Verwaltung mit zweibündigem Grundrißsystem und 2 Innenhöfen.
○ Stahlbeton-Skelettbau; Ziegel.
○ Städtebaulich umstritten (Gebäude zu weit hinter der Straßenflucht).
Lit.: A 9.1981, db 10.1982, 31.

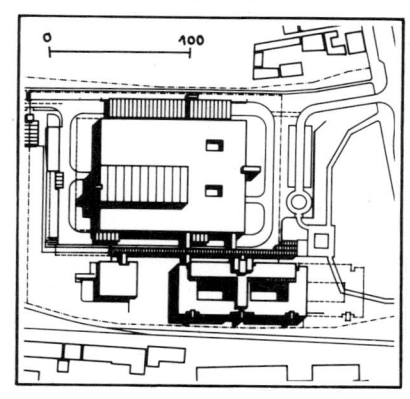

Verwaltungsgebäude und Zentrallager

○ Taubenstr. 7; freistehender Gebäudekomplex.
○ Erbaut 1962–64; Architekt W. Henn; Bauherr Stadtwerke BS GmbH.
○ Verwaltung (6/4 Konstruktionsachsen, 4 Geschosse) über eingeschossigen Zwischentrakt mit der eingeschossigen Lagerhalle verbunden; Flachdächer.
○ Zentrallager als Komplex aus quadratischer Lagerhalle, der langgestreckten Rohrlagerhalle und der dazwischen liegenden, überdachten Lagerstraße.
○ Stahlbeton- bzw. Stahl-Skelettbau.
Lit.: 4, B+W 8.1965, DBZ 4.1967, DBZ 7.1974, 23.

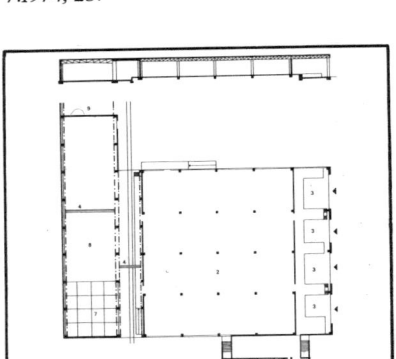

Parkhaus

○ Schillstr.; freistehend.
○ Erbaut 1985–86; Architekten M. von Gerkan, V. Marg und Partner; Bauherr Oberpostdirektion Hannover/BS.
○ 5/8 Konstruktionsachsen; 3 und 4 Parkebenen (gegeneinander halbgeschossig versetzt); Fassadenausbildung durch großformatige, offene Quadratgitter; Längsseiten unterhalb der außen anliegenden einläufigen Treppen geschlossen.
○ 240 Einstellplätze.
○ Stahlbeton-Skelettbau; Betonfertigteile, Terracottaplatten (Fassaden).
Lit.: 6.

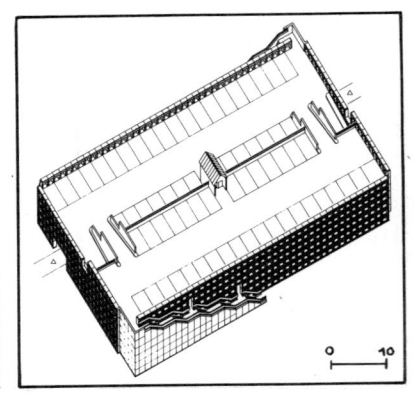

Verwaltungsgebäude (ehem. Büssing)
○ Heinrich-Büssing-Ring; freistehend.
○ Erbaut 1953; Architekt F. W. Kraemer; Bauherr Büssing GmbH; nachträglich verändert.
○ 9/4 Konstruktionsachsen; 5 Geschosse (4. OG als SG mit weit vorkragendem Flachdach und Dachaufbau mit 2 senkrechten Oberlichtbändern); an den Längsseiten horizontale, durch Materialwechsel zweigeteilte Fensterbänder.
○ Dreibündiges Grundrißsystem; je 2 Treppenhäuser an den Stirnseiten; urspr. als Kantine (mit Bücherei) genutzt.
○ Stahl-Skelettbau; Keramikplatten (Fassade); Glasbausteine (Fensterband).
Lit.: B+W 6.1955, Bw 4.1955, 31.

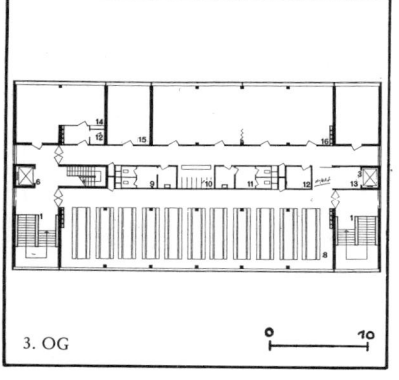

Franke & Heidecke (Werkstattgebäude VII)
○ Salzdahlumer Str. 196; freistehend.
○ Erbaut 1952; Architekt F. W. Kraemer; Bauherr Firma Franke & Heidecke.
○ 12/3 Konstruktionsachsen; 3 Geschosse; Felder des sichtbaren konstruktiven Gerippes einheitlich ausgefüllt (Längsseiten mit Brüstungs- und Fensterbändern, Schmalseiten ohne Wandöffnungen); Flachdach.
○ Produktionsräume als zweischiffige Hallen; herausgezogener Treppenturm.
○ Stahlbeton-Skelettbau; Ziegel, Glas, Glasbausteine (Fassade).
Lit.: B+W 8.1954, Bw 11.1955, DBZ 5.1956, 31.

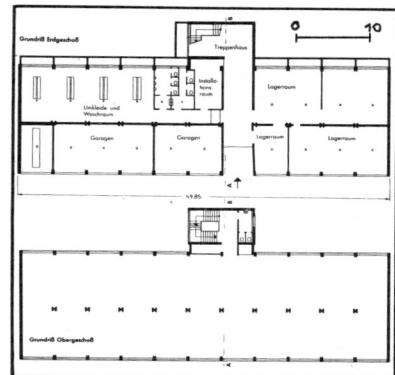

Großbäckerei
○ Hermannstr. 18–26; freistehend.
○ Erbaut 1930; Architekt H. C. Bartels; Bauherr Allgemeiner Konsumverein.
Lit.: 6.

Tunica-Sporthalle
○ Hasenwinkel 1A; freistehend.
○ Erbaut 1966; Architekten R. Henschker, E. Schmidtke und U. Wendt; Bauherr Stadt BS.
Lit.: 4, 6.

Ortsvermittlungsstelle (Umbau und Erweiterung)
○ Hagenring 59; freistehend.
○ Erbaut 1985–86 (vorhandenes zweigeschossiges Gebäude umgebaut und aufgestockt); Architekten H. Laskowski und F. Schneidewind; Bauherr Oberpostdirektion Hannover/BS.

Technikerschule, Gebäudetrakt
○ Kastanienallee 71; freistehendes Eckgebäude.
○ 1927 als Fabrikgebäude errichtet; Architekt K. Munte; Bauherr Firma Grimme, Natalis & Co KG.
Lit.: 6

ehem. Brunsviga (Gebäudetrakt der Techniker- und Frauenberuf-Schule)
○ Kastanienallee 71; 3 Anbauten.
○ 1956 als Fabrikanlage errichtet; Architekt W. Henn; Bauherr Brunsviga Maschinenwerke AG.
Lit.: Bm 10.1957, DBZ 9.1962.

Ehem. Maschinenfabrik Büssing
○ Böcklerstr. 30; geschlossene Bebauung.
○ Erbaut 1925.
Lit.: 56.

Hauptbahnhof
○ Berliner Platz; mit der Hauptpost verbundener Gebäudekomplex.
○ Erbaut 1965; Architekt Techn. Büro der Bundesbahn-Direktion Hannover/E. Dürkopp; Bauherr Bundesbahn-Direktion Hannover.
Lit.: 6.

Produktions- und Lagerhalle
○ Ackerstr. 22; freistehend, aber mit Verbindungsgang zum Altbau.
○ Erbaut 1955; Architekt W. Henn; Bauherr Siemens & Halske AG.
Lit.: Bm 10.1957, DBZ 9.1962.

Franke & Heidecke (Werkstattgebäude VIII)
○ Salzdahlumer Str. 196; freistehend.
○ Erbaut 1955; Architekt F. W. Kraemer; Bauherr Firma Franke & Heidecke.
Lit.: B+W 5.1956, 31.

Franke & Heidecke (Werkstattgebäude IX)
○ Salzdahlumer Str. 196; freistehend.
○ Erbaut 1956; Architekt F. W. Kraemer; Bauherr Firma Franke & Heidecke.
Lit.: 31.

EDV-Gebäude des Rollei-Werkes
○ Salzdahlumer Str. 196; Anbau.
○ Erbaut 1969; Architekt W. Henn; Bauherr Firma Franke & Heidecke.
Lit.: D 6.1969.

Omnibuswerkstatt
○ Lindenbergallee; Anbau.
○ Erbaut 1977; Architekt U. Maerker; Bauherr Braunschweiger Verkehrs-AG.
Lit.: 6, 55.

Reihenwohnhäuser
O Oststr.; geschlossene Bebauung.
O Erbaut 1982–85; Architekt H.-H. Thiele; Bauherr Wohnpark Broitzem GmbH.
Lit.: 6.

Postamt Broitzem
O Steinbrink; freistehend.
O Erbaut 1971; Architekt Oberpostdirektion BS / O. Wiemer, U.-P. Wickenheiser und H. Valentin; Bauherr Oberpostdirektion BS.
Lit.: D 5.1973, 54.

Bezirksregierung (ehem. Flughafengebäude)
O Münchenstr. 19; freistehender Gebäudekomplex.
O Erbaut 1935.

Jugendhaus
O Elbestr./Emsstr.; freistehendes Eckgebäude.
O Erbaut 1984; Architekt Stadt BS, Hochbauamt; Bauherr Stadt BS.
Lit.: 6.

Ev. Pfarrkirche
O Geiteldestr.; freistehend.
O Erbaut 1808; Architekt H. L. Rothermundt; Bauherr Kirchengemeinde Geitelde.
Lit.: 12.

Ev. Emmauskirche
O Muldeweg; freistehender Gebäudekomplex aus Kirche, Gemeinde- und Jugendbereich sowie Wohnhaus.
O Erbaut 1978–83; Architekten U. Böttger, K. Orlich, C. Sandleben/D. Oesterlen; Bauherr Ev.-Luth. Stadtkirchenverband.
O Stark gegliederter Baukörper mit Flach- und Pultdächern.
O Um den Kirchenraum (350 Plätze) sind L-förmig die in Einzelbaukörper aufgelösten Gemeindebereiche gelegt, dazwischen gemeinsame Erschließung.
O Ziegel-Mauerwerksbau; Holz (Dachkonstruktion Kirchenraum).
Lit.: 6, 55.

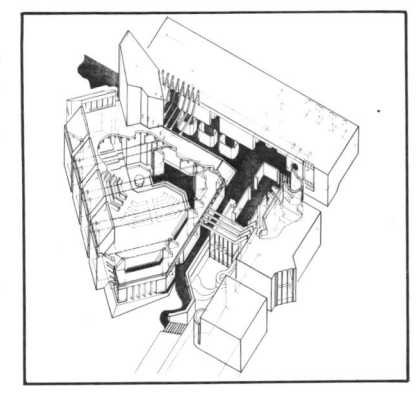

Postamt

○ Traunstr. 2; freistehend.
○ Erbaut 1969–72; Architekten W.-G. Castorf/P. G. Lachmann; Bauherr Oberpostdirektion BS.
○ 1 und 2 Geschosse; Haupteingang loggienartig eingezogen; Attika über den Fenstern zinnenartig ausgelassen; Flachdächer.
○ Grundriß an der Westseite mit dreiecksförmiger Ausweitung; Postamt im EG, Wohnung im 1. OG.
○ Ziegel-Mauerwerksbau; Sichtbetonteile.
Lit.: A 9.1981, 6, Bm 11.1972, 54, 56.

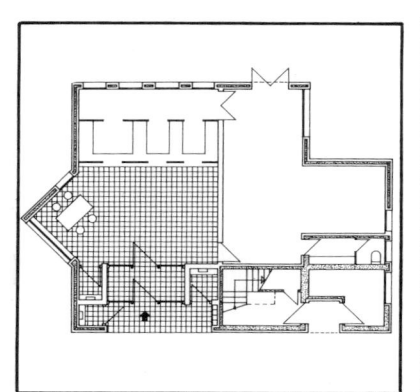

Wilhelm-Bracke-Gesamtschule

○ Alsterplatz 1; freistehender Gebäudekomplex.
○ Erbaut 1974; Architekten H. J. Pysall, U. Jensen und P. Stahrenberg; Bauherr Stadt BS.
○ 1 und 2 Geschosse; der extrem horizontale Baukörper durch die (verkleideten) Stützen und die Fassadenelemente vertikal gegliedert; Flachdächer.
○ Stark gegliederter Grundriß; an der „Schulstraße" im EG Schulverwaltung, Gemeinschaftsbereich, öffentl. Bücherei, Fachräume und Sporthalle; allgemeine Unterrichtsräume im 1. OG.
○ Stahl-Skelettbau; Aluminium-Fassade.
Lit.: 6, 54, 55, 56.

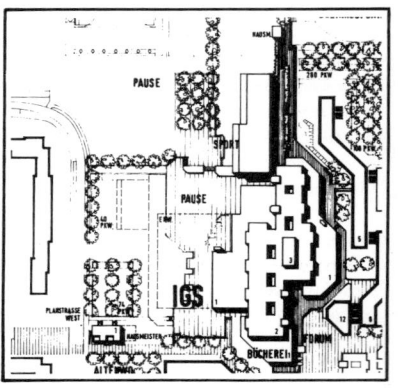

Pfarrhaus
○ Große Str. 13; freistehend.
○ Erbaut 1817.

Ev. Kreuzkirche
○ Große Str. 27; freistehend.
○ 1904 Erweiterung einer mittelalterlichen Saalkirche unter Verwendung von Jugendstilelementen; Architekt Pfeifer; Bauherr Kirchengemeinde Lehndorf.

Zentrum Kanzlerfeld
○ Bundesallee; geschlossene Bebauung.
○ Erbaut 1972; Architekten Z. Strizic / D. Galda, J. Kaiser / R. Suhling-Koschel; Bauherr Victoria-Feuer-Versicherungs-AG.
Lit.: 6, 54.

Reihenwohnhäuser
○ Windaustr. 1–23; geschlossene Bebauung.
○ Erbaut 1978; Architekt H. Schmied; Bauherr Firma K. Munte.
Lit.: A 9.1981.

Reihenwohnhäuser
○ Paracelsusstr.; geschlossene Bebauung.
○ Erbaut 1972–75; Architekten H. Schmied, D. Plasa, A. Müller und H. Lux; Bauherr Einzelbauherren.
Lit.: 6.

Einfamilienhaus
○ Lauestr. 13; freistehend.
○ Erbaut 1983; Architekt D. Quiram; Bauherren E. und D. Quiram.
Lit.: 6.

Einfamilienhaus
○ Breitscheidstr. 1; freistehendes Eckgebäude.
○ Erbaut 1984; Architekt C. Ludwig; Bauherr G. Ludwig.
Lit.: 6.

Wichernhaus (Ev. Gemeindezentrum)
○ Adolf-Bingel-Str. 57–59/David-Mansfeld-Weg 8; Gebäudekomplex aus Kindertagesstätte/Pfarrwohnung und Gemeindehaus (mit Jugendbereich).
○ Erbaut 1975–77; Architekt D. Quiram; Bauherr Ev.-luth. Stadtkirchenverband.
○ 1 Geschoß; Fassaden mit Wechsel von geschoßhohen Fenstern und geschlossenen Wandteilen; Flachdächer mit Shed-Oberlichtern.
○ Stark gegliederte Grundrißkontur; Gemeindehausteil aus dem orthogonalen Raster herausgedreht.
○ Ziegel-Mauerwerksbau (Kalksandstein); Holz (Dachkonstruktion).
Lit.: A 9.1981, 6, Bw 7.1977, 55.

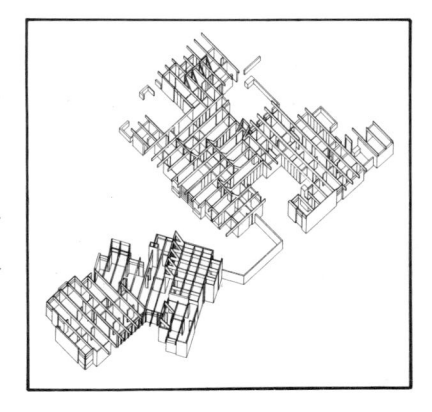

Einfamilienhaus
○ Hübenerweg 2; freistehend.
○ Erbaut 1984; Architekt H. Teschner; Bauherren B. und J. Wronn.
○ 1 Geschoß (und ausgebautes DG); 2 gegeneinander gestellte, unterschiedlich große Baukörper mit Pultdächern (das größere mit überhöhtem Mittelteil als Ausguck); einläufige Freitreppe zum DG; Wintergarten.
○ Versetzte Geschoßebenen.
○ Holz-Skelettbau; Holz (Fassade).
Lit.: 6.

Gut Steinhof (ehem. Kloster-/Rieselgut)
○ Steinhof; H-förmige, beidseitig der B 214 gelegene Hofanlage.
○ Herrenhaus 1790–91 erbaut; Architekt M. J. C. Fricke (?); Bauherr Wippermann; Scheune 1838, Stallgebäude um 1870 (unter Verwendung von Resten des Vorgängerbaus), Speicherhaus nach 1875 erbaut.
○ Herrenhaus: 2 Geschosse; sym. Fassaden mit rhythmischer Fensterfolge und mittigem Eingang; Krüppelwalmdach. Wirtschaftsgebäude: 1 und 2 Geschosse; Satteldächer; z. T. Zwerchhäuser.
○ Fachwerkbau, gemauerte und geputzte Gefache; Ziegel-Mauerwerksbau.
○ Spätbarocke Gestaltungsprinzipien.
Lit.: 35 a.

Reihenwohnhäuser
○ Okeraue; geschlossene Bebauung.
○ Erbaut 1973; Architekten H. Schmied, D. Plasa, A. Müller und H. Lux; Bauherr Baugruppe GmbH.
○ Peter-Joseph-Krahe-Preis 1975.
Lit.: 6.

Ev. Pfarrkirche St. Petri
○ Dorfstr. 24; freistehend.
○ Erbaut 1842; Architekt C. T. Ottmer; Bauherr Kirchengemeinde Ölper.
Lit.: 12, 34.

Wohnhaus
○ Celler Heerstr. 142; freistehend.
○ Erbaut um 1800; 1974 umgebaut und erweitert; Architekt und Bauherr H.-J. Gerike.

Bauernhof
○ Celler Heerstr. 154; freistehender Gebäudekomplex.
○ Erbaut um 1800.
○ Gutes Beispiel für den lokalen Typ des Niedersachsenhauses.

Wohnhaus
○ Dorfstr. 4 A; freistehend.
○ Erbaut 1767.

Pfarrhaus
○ Kirchbergstr. 2; freistehend.
○ Erbaut 1781; Bauherr Gemeinde Ölper.

Wohnhaus
○ Celler Heerstr. 48; freistehend.
○ Erbaut 1834.

Wohnhaus
○ Dorfstr. 22; freistehend.
○ Erbaut 1870 oder 1875.

Wohnhaus
○ Dorfstr. 23; freistehend.
○ Erbaut 1828 oder 1854.

Ölper Turm
○ Celler Heerstr. 46; freistehend.
○ Erbaut 1642; Wehrturm 1825 abgerissen; vor 1839 erweitert; 1979–81 restauriert und umgebaut; Architekten M. Stautmeister und G. Kolle; Bauherr A. Wiswedel.
○ 12 + 17 Fensterachsen; 2 Geschosse (1. OG des älteren Teils stark vorkragend, Anbau mit größerer Geschoßhöhe); traufständig; Satteldach/Walmdach mit Turmaufsatz (Anbau); 2 Zwerchhäuser.
○ Fachwerkbau, geputzte Gefache.
○ Reichhaltige Renaiss.-Ornamentik.
Lit.: 12, 34.

Ev. Pfarrkirche St. Georg
○ Donnerburgweg 36; freistehender Gebäudekomplex aus Kirche und Pfarrhaus.
○ Erbaut 1936–39; Architekt A. Pramann; Bauherr Stadtkirchenausschuß.
Lit.: Bw 49.1934.

Mehrfamilienhaus
○ Siegfriedstr. 35; nach Osten geschlossene Bebauung.
○ Erbaut 1927; Architekt J. Kölling; Bauherr Nibelungen-Wohnbaugesellschaft mbH.
Lit.: 6.

Wohnhochhaus
○ Hamburger Str. 73–75; freistehend.
○ Erbaut 1952–53; Architekt E. Winterstein; Bauherr C. Weiß.
○ Peter-Joseph-Krahe-Preis 1956.

Seniorenwohnanlage
○ Ottenroder Str.; freistehender Gebäudekomplex.
○ Erbaut 1984–86; Architekten H. Westermann / H. Job / Hochbauamt der Stadt BS; Bauherr Stiftung St. Thomaehof/Nibelungen Wohnbaugesellschaft mbH.
Lit.: 6.

Ev. Christuskirche
○ Am Schwarzen Berge; freistehender Gebäudekomplex aus Kirche/Gemeinderäumen, Wohnungen und Kindergarten.
○ Erbaut 1965–71; Architekt D.-E. Kreuter; Bauherr Stadtkirchenverband.
○ Die in zahlreiche, sich nicht wiederholende Baukörper- und Wandteile gegliederte Baumasse staffelt sich in der Höhe zum Glockenturm als Zentrum hin; Flach- und Pultdächer.
○ Vom Altar ist der von rechten Winkeln nahezu freie Grundriß radial nach außen entwickelt.
○ Stahlbetonbau; Holz (Dachkonstruktion).
Lit.: 5, 6, 56.

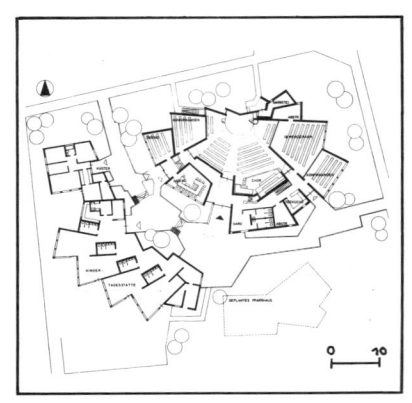

Ev. Dankeskirche
○ Tostmannplatz 8; freistehend.
○ Erbaut 1954; Architekt F. Berndt; Bauherr Ev.-luth. Stadtkirchenverband.
○ 2 Geschosse; an der Ostseite zweiarmige Freitreppe zum Eingangsportal, darüber ein bis zum First reichendes Giebelfenster; Satteldach mit beidseitig je 3 (auch seitl. verglasten) Gauben; auf dem Dach steilgeneigter, satteldachartiger Glockenstuhl.
○ Gemeinderäume und Wohnung im EG, Kirchenraum (mit Empore) im 1. OG.
○ Stahlbeton-Skelettbau; Stahl (Glockenstuhl).
Lit.: Bw 48.1954, 49.

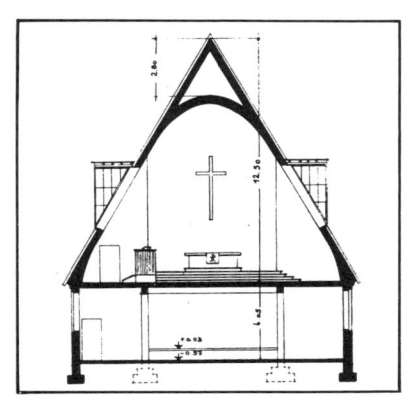

Pianofortefabrik
○ Grotrian-Steinweg-Str. 2; freistehend.
○ Erbaut 1975; Architekten W. Henn und H.-T. Petersen; Bauherr Firma Grotrian-Steinweg.
○ 19 Konstruktionsachsen; 1 und 2 Geschosse; Verwaltungsanbau vor Teilen der Südseite; vorgehängte, umlaufende Sonnenschutzblenden; technische Elemente (wie Schornsteine) in die Fassadengestaltung einbezogen; Flachdach.
○ Fünfschiffige Halle (Außenschiffe zweigeschossig); Grundrißzuschnitt folgt dem optimalen Materialfluß.
○ Stahlbeton-Skelettbau; Gasbeton, Fertigteilplatten (Fassade Halle).
Lit.: 6, D 4.1976, 55.

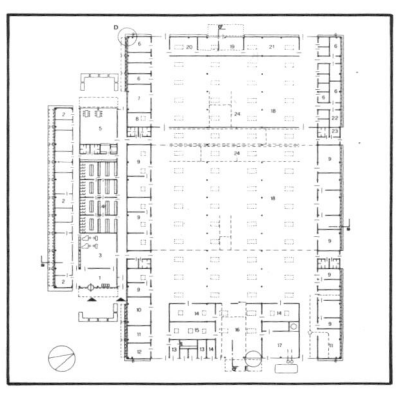

Reformierte Kirche (ehem. Windmühle)
○ Pflälzer Str, 39; freistehend.
○ Erbaut 1876; Bauherr A. Witte; 1929 bis 30 zur Kirche umgebaut; Architekt K. Gerdesmann; Bauherr Reformierte Gemeinde; 1970–71 erweitert; Architekt R. Pramann; Bauherr Reformierte Gemeinde.

Wendenturm
○ Gifhorner Str. 140; freistehend.
○ Erbaut um 1750 als Worte.

Verwaltungsgebäude
○ Schmalbachstr. 1; freistehendes Eckgebäude.
○ Erbaut 1964; Architekt J. A. Schmalbach AG, Bauabteilung; Bauherr J. A. Schmalbach AG.
Lit.: 56.

Verwaltungsgebäude (Erweiterung)
○ Gifhorner Str. 57; freistehend.
○ Erbaut 1983; Architekt H. J. Pysall, U. Jensen und P. Stahrenberg; Bauherr VAG Leasing GmbH.
Lit.: 6.

KFZ-Zulassungsstelle
○ Porschestr. 5; freistehend.
○ Erbaut 1978–80; Architekten E. Rollenhagen, G. Lindemann und G. Grossmann; Bauherr Stadt BS.
○ 2 Geschosse; stark gliederter Baukörper; Flachdach mit Dachaufbauten für Aufzugsmaschine und Lüftungstechnik.
○ Zweiflügeliger, entsprechend dem Grundstücksverlauf abgeknickter Grundriß; KFZ-Zulassungsstelle im EG, Straßenverkehrsabteilung im 1. OG; gemeinsame zweigeschossige Erschließungshalle.
○ Ziegel-Mauerwerks-/Stahlbeton-Skelettbau; Asbestzement (Fassade).
Lit.: A 9.1981, 6, 55.

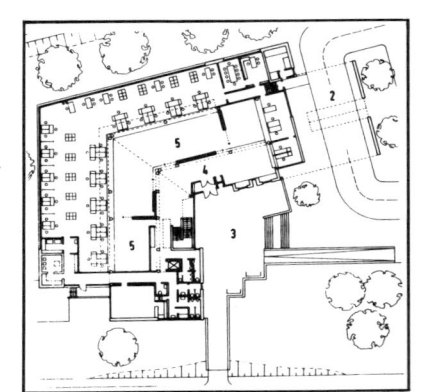

Olympia-Werke
○ Gifhorner Str. 28; freistehender Gebäudekomplex aus Produktionshalle, Heizwerk/Nebengebäude, Kasino, Verwaltung, Pförtnergebäude und Entwicklungszentrum.
○ Erbaut 1965–67, erweitert ab 1969; Architekt R. Henschker; Bauherr Olympia-Werke AG.
○ Halle mit 3 Doppelschiffen und dazwischen liegenden zweigeschossigen Zonen (innerbetriebliche Straßen und darüber angeordnete Büros).
○ Stahl- bzw. Stahlbeton-Skelettbau (Verwaltung); Waschbeton, Fertigteile (Halle).
○ Peter-Joseph-Krahe-Preis 1970.
Lit.: 5, 6, 23, 55.

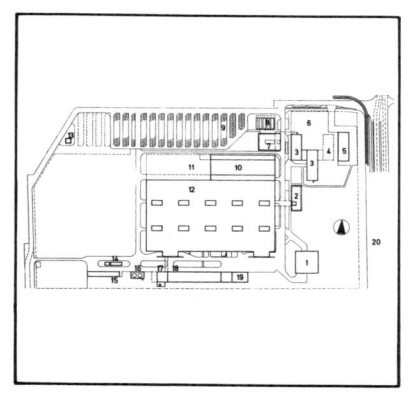

Reihenwohnhäuser
○ Birkenkamp 1–8; geschlossene Bebauung.
○ Erbaut 1966–67; Architekt H. Schmied; Bauherr Einzelbauherren.
Lit.: 23.

Einfamilienhaus
○ Am Brühl 9 A; freistehend.
○ Erbaut 1983; Architekten D. Galda, J. Kaiser und R. Böttcher; Bauherr W. Vespermann.
Lit.: 6.

Flughafen
○ Lilienthalplatz 1–5; freistehender Gebäudekomplex.
○ Erbaut 1934–38; Architekt Hochbauamt.
Lit.: 56.

Ev. Kirchenzentrum St. Lukas
O Eichenhahnweg; freistehender Gebäudekomplex.
O Erbaut 1961–62; Architekten F. Berndt und D.-E. Kreuter; Bauherr Ev.-luth. Stadtkirchenverband.
O 1 Geschoß; freistehender Turm mit Durchgang zum vom Geländeniveau abgehobenen Kirchenraum; dessen Stützen vor den Wänden; Flachdächer.
O Kirchenraum über Sakristei mit Küsterwohnung verbunden; Wohnung und Gemeinderäume mit gemeinsamem Innenhof.
O Stahlbetonbau; Ziegel (Fassade).
O Peter-Joseph-Krahe-Preis 1963.
Lit.: 6, db 3.1966, 49.

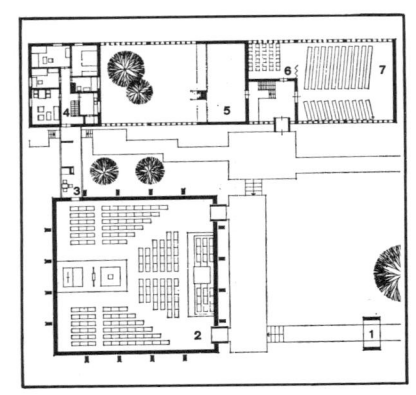

Einfamilienhaus
O Im Sydikum; freistehend.
O Erbaut 1959; Architekt und Bauherr H.-J. Pysall.
Lit.: 6, Bw 11.1961.

Einfamilienhaus
O Im Gettelhagen 90 A; freistehend.
O Erbaut 1973; Architekten V. Kersten, E. Martinoff und H Struhk; Bauherr W. Krebs.
Lit.: 6.

Reihenwohnhäuser
O Dahlienweg 2–12; geschlossene Bebauung.
O Erbaut 1978–79; Architekten J. Linde / D. Galda, J. Kaiser und R. Böttcher; Bauherr Einzelbauherren.
Lit.: 6.

Einfamilienhaus
O Forststr. 48; freistehend.
O Erbaut 1977; Architekten H. Beier, O. Pook und U. Saalmann; Bauherren E. und K. Ulbrich.
Lit.: 6, 55.

Kath. Pfarrkirche St. Marien
O Köterei 3; freistehend.
O Erbaut 1964; Architekt A. Hafkemeyer; Bauherr Bischöfliches Generalvikariat Hildesheim.
Lit.: 4, 49.

Bauernhof
O Köterei 5; freistehender Gebäudekomplex.
O Erbaut 1864; Bauherr H. Brandes.

Wohnhaus
O Köterei 6; freistehend.
O Erbaut 1789.

Wohnhaus
O Bevenroder Str. 36; freistehend.
O Erbaut 1901.

Wohnhaus
○ Bevenroder Str. 39; freistehend.
○ Erbaut um 1820.

Wohnhaus
○ Bevenroder Str. 40; freistehend.
○ Erbaut 1871.

Wohn- und Geschäftshaus
○ Bevenroder Str. 45; freistehend.
○ Erbaut 1823.

Wohnhaus
○ Bevenroder Str. 119; freistehend.
○ Erbaut um 1800.

Wohn- und Bürohaus
○ Petzvalstr. 43 A; freistehend.
○ Erbaut 1959; Architekt und Bauherr H. Beier.
Lit.: DBZ 2.1965.

„Moorhüttenpark"
○ Moorhüttenweg 2; geschlossene Bebauung.
○ Erbaut 1984–85; Architekten H. und R. Beier; Bauherr Bauherrengemeinschaft.
Lit.: 6.

Gliesmaroder Turm
○ Berliner Str. 105; freistehender Gebäudekomplex.
○ Mittelalterlicher Kern (um 1300?) um 1700, 1887 und 1923 umgebaut und/oder erweitert.

Ehem. Konservenfabrik
○ Berliner Str. 2–4; Anbau.
○ Erbaut 1917; Bauherr Firma O. Struck.
○ Durch geplante Straßenverbreiterung vom Abriß bedroht.

Badezentrum Gliesmarode
○ Am Soolanger; freistehend.
○ Erbaut 1979; Architekten V. Kersten, E. Martinoff und H. Struhk; Bauherr Stadtbad GmbH.
○ 1 Geschoß; südorientierter geschoßhoch verglaster Schwimmhallenbereich mit ausluchtartigen Vorsprüngen; Flachdach.
○ Stark gegliederte Grundrißkontur; 5 unterschiedliche Wasserbecken (größere Raumhöhe im Bereich des Springerbeckens); Umkleiden, Sauna, Ruhebereiche, Restaurant.
○ Stahlbetonstützen, Holzbinder.
Lit.: 6, Bw 11.1983, 55.

Zisterzienserkloster Riddagshausen
(heute ev. Pfarrkirche)

○ Klostergang 65; freistehend.
○ Entstehungszeit der Kirche um 1220 bis 1250; nördl. Kapellenanbauten Mitte 13. Jh. und um 1310; jetziger Dachreiter um 1600; Architekt P. Francke; Strebepfeiler an der Südseite des Langhauses erst nach Abbruch der Konventsgebäude (1852) angefügt.
○ Mittelschiffswände mit zweiteiligen, spitzbogigen Fenstern, an Chor und Querhausstirnwänden dreiteilige, spitzbogige Fenster mit höherem Mittelteil; doppeltüriges Westportal; Sattel- und Pultdächer, Dachreiter. Von den ehem. Konventsgebäuden nur wenige Teile (z. B. Klosterpforte mit der ehem. Frauenkapelle) erhalten.
○ Dreischiffige, vierjochige Basilika mit Querhaus, rechteckigem Chor mit Umgang und Kapellenkranz; östl. Langhausjoch kürzer als die 3 westl.; im Chor durch Blendbögen zweischichtiger Wandaufbau; Kreuzgrat- und Kreuzrippengewölbe (Vierung, Langhausjoche), Chor trotz 3 Arkaden an den Längsseiten mit nur 2 Gewölbejochen.
○ Bruch- und Werkstein-Mauerwerk; Fachwerkbau (ehem. Klosterpforte).
○ Einer der bedeutendsten Zisterzienserbauten in Deutschland; Einflüsse von und Wirkung auf zahlreiche andere Kirchen.
Lit.: 12, 16, 49, 55, 56.

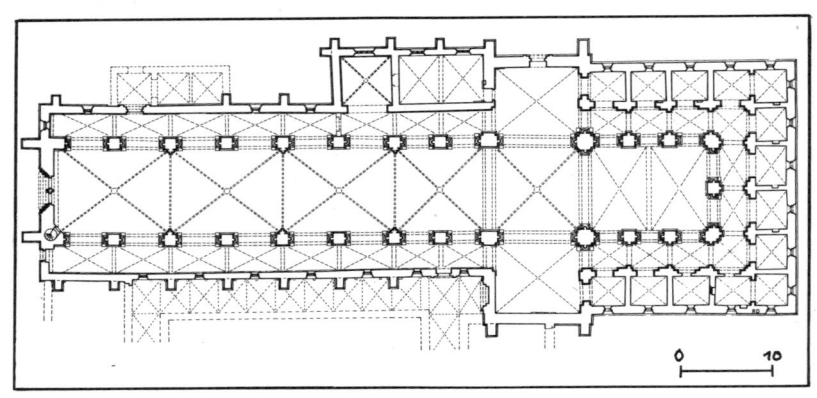

Riddagshausen, Rautheim, Mascherode

Wohnhaus
○ Zwischen den Bächen 1; freistehend.
○ Erbaut 1693; 1970 aus Warbsen hierher versetzt; Architekt R. Pramann; Bauherr R. Borek.
Lit.: 12, 54.

Wohnhaus
○ Am Kreuzteich 3; freistehend.
○ Erbaut um 1840.

Wohnhaus
○ Am Kreuzteich 8; freistehend.
○ Erbaut 1968 (unter Verwendung von Teilen des Vorgängerbaus von 1720); Architekt R. Pramann; Bauherr R. Borek.

Marketing Management Institut
○ Klostergang; freistehend.
○ Erbaut 1982; Architekten H. J. Pysall, U. Jensen und P. Stahrenberg; Bauherr Volkswagenwerk AG.
○ Peter-Joseph-Krahe-Preis 1982.
Lit.: 6.

Grüner Jäger (ehem. Reichsjägerhof)
○ Ebertallee 50; freistehend.
○ Erbaut 1935–37; Architekt E. Herzig.
Lit.: 56.

Ev. Pfarrkirche St. Ägidien
○ Zum Ackerberg; freistehend.
○ Erbaut 13. Jh. (?).

Ev. Pfarrkirche
○ Schulgasse; freistehend.
○ Erbaut 13. Jh.

Pfarrhaus
○ Schulgasse 1; freistehend.
○ Erbaut 1703; Bauherr Kloster Riddagshausen.

Reihenwohnhäuser
○ Hasengarten; geschlossene Bebauung.
○ Erbaut 1965–69; Architekt H. Schmied; Bauherr Realbau GmbH.

Einfamilienhaus
○ Alter Rautheimer Weg 7; freistehend.
○ Erbaut 1980; Architekt H. Struhk; Bauherren H. und R. Struhk.
Lit.: 6.

Wohnanlage
○ Rohrkamp 1–1 F; geschlossene Bebauung.
○ Erbaut 1985; Architekt H.-J. Tönnies; Bauherr Venator Bauträgergesellschaft mbH.
Lit.: 6.

Reihenwohnhaus
○ Rostockstr. 25; geschlossene Bebauung.
○ Erbaut 1972; Architekten H. Bofinger und Partner; Bauherr Wieters.
Lit.: 6.

Postamt (mit Praxis und Wohnungen)
○ Wittenbergstr.; geschlossene Bebauung.
○ Erbaut 1968–71; Architekt P.-G. Lachmann; Bauherr Oberpostdirektion.
Lit.: 54, 56.

Berufsbildende Schulen II
○ Salzdahlumer Str. 85; freistehender Gebäudekomplex.
○ Erbaut 1960–66, 1981 erweitert; Architekt H.-J. Hinze; Bauherr Stadt BS.
Lit.: 4, 6, 55.

Schulzentrum Heidberg
○ Stettiner Str.; freistehender Gebäudekomplex.
○ Erbaut 1968–73; Architekt J. Brandi; Bauherr Stadt BS.
Lit.: 4, 6, 54.

Ausbildungszentrum
○ Dresdenstr. 18; freistehender Gebäudekomplex.
○ Erbaut 1969; Architekt und Bauherr Oberpostdirektion BS.
○ Peter-Joseph-Krahe-Preis 1975.
Lit.: 54.

Ev. Pfarrkirche St. Nikolaus
○ Kirchplatz 2; freistehend.
○ Erbaut um 1200 als Wallfahrtskirche.
○ Rundbogenfenster; zweifach abgetrepptes Säulenportal an Südseite; Satteldächer.
○ Dreischiffige, dreijochige Hallenkirche mit Chorquadrat und 3 Apsiden; über schmalerem Westjoch querrechteckiger Turm; quergerichtete, jochbreite Tonnengewölbe mit Stichkappen.
○ Bruchstein-Mauerwerk, verputzt.
○ Eine der wenigen gewölbten roman. Hallenkirchen; Einflüsse von Nr. 22.
Lit.: 12, 16, 49, 56.

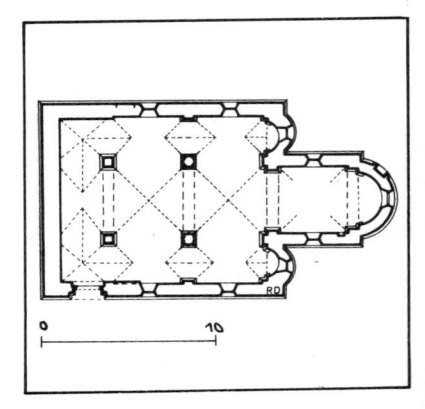

Auto-Reparaturbetrieb (Erweiterung)
○ Wolfenbütteler Str. 51; Gebäudekomplex aus Reparaturhalle und Verwaltung.
○ Erbaut 1956; Architekt F. W. Kraemer; Bauherr Max Voets GmbH; nachträglich verändert.
○ Flachgedeckter Verwaltungsbau (3/4 Konstruktionsachsen, 3 Geschosse) mit urspr. transparentem EG durch eingeschossigen Übergang mit shedgedeckter Reparaturhalle verbunden.
○ Stahl-Skelettbau; Sandwichelemente (Verwaltung), Keramikplatten (Halle).
○ Erster unverkleideter Stahl-Skelettbau in der Bundesrepublik Deutschland.
Lit.: 6, Bm 9.1955, B+W 5.1956, DBZ 4.1962, 23, 31, 56.

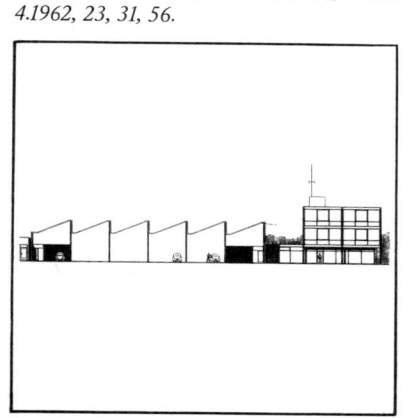

Einfamilienhäuser
○ Striegaustr.; geschlossene Bebauung/freistehend.
○ Erbaut 1961; Architekten J. Herrenberger und G. Krieg; Bauherr Einzelbauherren.
Lit.: 4, 6.

Wohnanlage am Südsee
○ Bolkenhainstr. 1 A–E und 2 A–I; freistehender Gebäudekomplex.
○ Erbaut 1976–79; Architekt H.-H. Thiele; Bauherr Bauherrengemeinschaft.
Lit.: 6, DBZ 1.1980, 55.

Großes Weghaus
○ Leipziger Str. 232; freistehend.
○ Erbaut 1691–93 als Zoll- und Gasthaus.
Lit.: 12.

Ehem. Schriftsassenhof
○ Alter Weg 19; freistehend.
○ Erbaut 1651; 2. Hälfte 18. Jh. Anbau eines Wohnhauses; Architekt M. Peltier (?); Bauherr J. H. Lutterloh.
Lit.: 12.

Mehrfamilienhäuser
○ Bischofsburgweg/Romintenstr.; geschlossene Bebauung.
○ Erbaut 1979–81; Architekten L. Bensch und H. H. Seibold; Bauherr Neue Heimat.
Lit.: 6.

Einfamilienhaus
○ Salzdahlumer Weg 5; freistehend.
○ Erbaut 1965; Architekten F. W. Kraemer, G. Pfennig und E. Sieverts; Bauherr W.-U. Roedenbeck.
Lit.: D 5.1966, 31.

Fachbegriffe

Apsis: meist halbrunde (mit Halbkuppel überdeckte), aber auch polygonale Erweiterung eines Raumes; hauptsächlich in der Kirchenarchitektur verwendet.

Arkade: Bogen oder Bogenreihe auf → *Pfeilern* oder → *Säulen;* auch Bezeichnung für einen einseitig durch Arkaden geöffneten Gang.

Attika: niedriger Aufbau oder Wandstreifen als oberer Abschluß einer Fassade, meist mit dahinter liegendem flachgeneigtem oder Flachdach.

Balustradenattika: durch Reihung gleichgeformter, profilierter Stützglieder gebildeter oberer Fassadenabschluß.

Basilika: drei- oder fünfschiffige Kirche mit erhöhtem → *Mittelschiff* (im Unterschied zur → *Hallenkirche*).

Bauwich: Gebäudeabstand zu einer seitlichen Grundstücksgrenze.

Blendarkade: auf eine geschlossene Wand vorgelagerte → *Arkade.*

Blendmaßwerk: auf eine geschlossene Wand vorgelegtes → *Maßwerk.*

Bruchstein: nur grob bearbeiteter Naturstein (im Unterschied zum → *Werkstein*).

Brüstung: Wandfläche zwischen Fußboden und Fenster.

Chor: (meist erhöhter) Altarraum einer Kirche in Verlängerung des → *Mittelschiffs.*

Chorpolygon: nach außen durch ein Vieleck begrenzter → *Chor.*

Dachreiter: Türmchen auf dem → *First;* in der Kirchenarchitektur zur Aufnahme einer Glocke.

Däle: hinter dem Eingang gelegener, mit Feuerstelle versehener Hauptraum in norddeutschen Fachwerkhäusern.

Diamandband: horizontales Ziermotiv bei Fachwerk.

dorische Säule: Säule, deren Hauptmerkmale die fehlende Fußplatte und die obere quadratische Platte sind.

Dormitorium: Schlafsaal eines Klosters.

dreibündiges Grundrißsystem: ein Gebäude, in dem pro Geschoß vom Treppenhaus drei Nutzungseinheiten erschlossen werden (→ *einbündiges Grundrißsystem*).

Eckrisalit: an der Ecke angeordneter, in ganzer Gebäudehöhe vortretender Baukörperteil.

einbündiges Grundrißsystem: Grundriß, bei dem eine zusammenhängende Nutzungseinheit (Büros, Wohnungen) von einem Erschließungssystem (Treppe, Flur) pro Geschoß erreicht wird.

Empore: erhöht angeordneter, nach einer Seite offener Einbau in einem Innenraum.

Expressionismus: Stilrichtung in der Architektur zwischen 1910 und 1935, die (über das rein Funktionelle hinausgehend) ein Gebäude als monumentale Plastik versteht.

Fächerrosette: halbkreisförmiges, fächerarti-

ges Ziermotiv der Renaissance.
Feldmark: nutzbare Landfläche.
Fensterachse: über alle Geschosse vertikal gleichmäßig angeordnete Wandöffnungen (Fenster und/oder Türen). Bei gleichmäßiger Reihung gibt die Zahl der Fensterachsen ein ungefähres Bild von der Gebäudelänge.
Fensterädikula: mit der Wand verbundene, leicht vorspringende Rahmung eines Fensters (→ *Ädikula*).
Fenstergewände: die meist schräg ausgebildeten Flächen einer Wandöffnung, in die das Fenster eingesetzt ist.
First: höchste Linie eines Daches mit schrägen Dachflächen.
Fries: schmaler, dekorativer Streifen; hauptsächlich an Fassaden.

Gaube: mit eigenem Dach versehener Dachaufbau zur Belichtung (früher auch zur Belüftung).
Gefach: Wandstück zwischen dem Holzskelett bei Fachwerkhäusern.
geschlossene Bauweise: Direkt an die (das) Nachbargebäude angefügte Bebauung.
giebelständig: mit dem Giebel zur Straße stehend (im Unterschied zu → *traufständig*).
Gurtgesims: waagerechter Wandstreifen zwischen zwei Geschossen.

Hallenkirche: mehrschiffige Kirche, deren Schiffe gleich hoch sind (im Unterschied zur → *Basilika*).
Historismus: Stilrichtung in der Architektur zwischen dem Ende des Klassizismus und dem Beginn der Modernen, also etwa zwischen 1830 und 1910; sein Hauptkennzeichen ist die Nachahmung historischer Baustile.

Individualverkehr: privater (PKW-)Verkehr.
Internationaler Stil: Stilrichtung in der Architektur zwischen 1920 und 1960; Hauptmerkmale sind kubische Baukörper, horizontale Fensterbänder und jegliches Fehlen von Ornamenten.
ionische Säule: Säule mit profilierter Fußplatte und oberem Schneckenmotiv als Hauptmerkmale.

Joch: Gewölbeeinheit aus einem oder in Querrichtung mehreren nebeneinander liegenden Gewölbefeldern.

Kämpfer: Auflager für Bogen oder Gewölbe.
Kannelierung: senkrechte Rillen an Stützgliedern (→ *Säulen,* → *Pfeilern* oder → *Pilastern*).
Kemenate: heizbarer Mauerwerksbau als Anbau an mittelalterliche Fachwerkhäuser.
Kleinsiedlungsstelle: Wohngebäude mit angegliedertem Stallgebäude und entsprechendem Landanteil.
Knagge: Verbindungsstück zwischen → *Ständer* und vorkragendem Deckenbalken bei Fachwerkhäusern.
Kolonnade: im Unterschied zur → *Arkade* nicht durch Bögen miteinander verbundene Säulen- oder Pfeilerreihe; auch Bezeichnung für einen einseitig durch Kolonnaden geöffneten Gang.
Konsole: vorkragendes Auflager.
korinthische Säule: Säule mit profilierter Fußplatte und oberem Blattmotiv als Hauptmerkmale.
Konventsgebäude: Klostergebäude neben der Klosterkirche, z. B. mit Schlaf- oder Speisesaal.
Konstruktionsachse: Achse für die Stützen im → *Skelettbau.*
Kranzgesims: waagerechter Wandstreifen als oberer Abschluß einer Fassade.
Kreuzgratgewölbe: einfache Durchdringung von zwei sich rechtwinkelig schneidenden Gewölbeteilen mit halbkreisförmigem Querschnitt.
Kreuzrippengewölbe: Durchdringung von zwei sich (rechtwinkelig) schneidenden Gewölbeteilen mit rippenartigen Verstärkungen an den Schnittstellen.

Langhaus: der längsgerichtete Bauteil einer Kirche bis zum → *Chor,* bei Kirchen mit → *Querhaus* bis zur → *Vierung.*
Laubenganghaus: Wohngeschoßbau mit außen liegenden, offenen Erschließungsgängen.
Laubstab: gewelltes, abstrahierte Blätter darstellendes Ornament an Fachwerkhäusern.

mäanderförmig: gleichmäßig rechtwinkelig vor- und zurückspringend.
Maisonettewohnung: Wohnung über zwei Geschosse.
Mansarddach: Dachform mit einmal abgeknickter Dachfläche (unten steilere, oben flachere Dachneigung).
Massivbau: Bauweise aus Mauerwerk oder Stahlbeton, bei der die Außenwände in ihrer Gesamtheit (im Unterschied zum → *Skelettbau*) zur statischen Konstruktion herangezogen werden.
Maßwerk: gotisches Ornament für Fenster- oder Giebelaufteilung, aber auch vorgeblendet verwendet.
Mezzaningeschoß: Zwischengeschoß mit niedrigerer Geschoßhöhe.
Mittelrisalit: in der Mitte angeordneter, in ganzer Gebäudehöhe vortretender Baukörperteil.
Mittelschiff: der mittlere Raumbereich eines mehrschiffigen → *Langhauses* in Kirchen.

Nachbarschaft: aneinander grenzende Wohnbereiche einer abgeschlossenen Wohnsiedlung bzw. eines Stadtteiles.
Netzgewölbe: Gewölbe mit netzartig angelegten Rippen, meistens unter Aufgabe der Jocheinteilung.
Neues Bauen: Stilrichtung in der deutschen Architektur in den zwanziger Jahren des 20. Jh., gekennzeichnet durch weiße, kubische Bauten.

Oberlicht: Fenster zur Belichtung von oben her (meist bei Flachdächern) sowie oberer Flügel eines Fensters.
offene Bauweise: Bebauung mit seitlichen Abständen zum Nachbargebäude.
Ortbeton: an der Baustelle verarbeiteter Beton (im Gegensatz zu außerhalb vorproduzierten Fertigteilen).

Peter-Joseph-Krahe-Preis: in unregelmäßigen Abständen von der Stadt Braunschweig verliehene Architekturauszeichnung.
Pfeiler: Stütze mit nicht rundem Querschnitt (im Unterschied zur → *Säule*).
Pilaster: vorspringender, pfeilerartiger Teil der Wand.
Pilasterordnung: entsprechend den klassischen Formen (→ *dorisch,* → *ionisch* oder → *korinthisch*) gestaltete Pilaster.
Pultdach: Dachfläche, die aus nur einer schrägen Dachfläche besteht.

Querhaus: rechtwinkelig zum → *Langhaus,* meistens zwischen diesem und dem → *Chor* angeordneter Bauteil bei Kirchen.

Rollknagge: bauchig geformtes Verbindungsstück zwischen → *Ständer* und vorkragendem Deckenbalken bei Fachwerkhäusern.
Rustika: Mauerwerk aus grob behauenen Quadern.

Saalkirche: Kirche ohne → *Seitenschiffe.*
Säule: Stütze mit rundem Querschnitt (im Unterschied zum → *Pfeiler*).
Sargdeckeldach: mit abgeschrägten Seitenflächen kaschiertes Flachdach (sargdeckelförmiger Querschnitt).
Satteldach: Dachform, die aus zwei schrägen, gegeneinander geneigten und im → *First* zusammenstoßenden Dachflächen besteht, die an ihren Enden durch Giebel begrenzt sind.
Schiff: Raumbereich, der an mindestens einer Längsseite durch → *Pfeiler* und/oder → *Säulen* begrenzt ist.
Segmentbogen: flacher Bogen, kürzer als ein Halbkreis.

Segmentgiebel: von einem → *Segmentbogen* begrenzter Giebel.

Seitenschiff: Raumbereich einer Kirche neben dem → *Mittelschiff.*

Shed: Dachaufsatz (meist auf Flachdächer) mit sägezahnartigem Querschnitt zur Belichtung von oben.

Skelettbau: Bauweise, bei der die statische Konstruktion nicht mehr von der ganzen Wand (→ *Massivbau*), sondern nur noch von Stützen gebildet wird.

Ständer: Holzstützen bei Fachwerkhäusern.

Staffelgeschoß: gegenüber den übrigen Obergeschossen zurückgestaffeltes Geschoß.

Staffelgiebel: Giebel mit äußerer treppenförmiger Kontur.

Sterngewölbe: die Jocheinteilung bewahrendes Gewölbe mit sternförmig ausgebildeten Rippen.

Stichkappe: der bei der Durchdringung von zwei sich rechtwinkelig schneidenden Gewölben mit unterschiedlicher Größe entstehende kleinere Gewölbeteil.

Strebepfeiler: statisch bedingter Mauervorsprung und/oder mit der Wand durch Mauerbogen verbundener Pfeiler.

Sturz: eine Wandöffnung (Fenster, Tür) oben abschließender Bauteil (Balken, Stein).

Teppichbebauung: flächenhafte, aneinander gereihte Wohnbebauung.

Tonnengewölbe: Gewölbe mit halbkreis-, segment- oder spitzbogenförmigem Querschnitt.

Traufe: der unterste Bereich einer schrägen Dachfläche als Übergang zur Außenwand (dort wo meistens die Dachrinne angebracht ist).

traufständig: mit der Traufe zur Straße stehend (im Unterschied zu → *giebelständig*).

Turmrisalit: leicht vortretender, turmartig überhöhter Baukörperteil.

Vierung: der durch die Durchdringung von → *Lang-* und → *Querhaus* entstehende Raumbereich einer Kirche.

Volutenknagge: Verbindungsstück mit schneckenförmigem Ornament zwischen → *Ständer* und vorkragendem Deckenbalken bei Fachwerkhäusern.

Vorhangfassade: an das konstruktive Gerippe eines → *Skelettbaus* vorgehängte Außenwand.

Vorkragung: frei vortretender Gebäudeteil (also nicht vom Erdboden aufsteigend); meistens auf Deckenbalken, die Geschoßdecke oder das ganze Geschoß bezogen.

Verkehrsberuhigung: Maßnahmen zur Herabsetzung der Fahrgeschwindigkeit zur Einbeziehung von Straßenflächen in den Wohnbereich.

Weichbild: selbständiger Stadtteil der mittelalterlichen Stadt.

Wellenstab: wellenförmiges Ornament.

Werkstein: regelmäßig bearbeiteter Naturstein (im Unterschied zum → *Bruchstein*).

Wik: im frühen Mittelalter Hafen- und Handelsplatz im nördlichen Europa.

Wimperg: gotischer Ziergiebel, meistens über Fenstern und Portalen und mit Maßwerk gefüllt.

Windeluke: türförmige Wandöffnung für eine Seilwinde.

zweibündiges Grundrißsystem: ein Gebäude, in dem pro Geschoß vom Treppenhaus zwei Nutzungseinheiten erschlossen werden (→ *einbündiges Grundrißsystem*).

Zwerchgiebel: in der Ebene der Außenwand, unmittelbar an der → *Traufe* ansetzender Dachgiebel.

Zwerchhaus: in der Ebene der Außenwand angeordneter Dachaufbau, nach oben durch einen Giebel abgeschlossen (der also höher ansetzt als die → *Traufe* des Hauses).

Zwischengeschoß: in der Ebene des EG liegendes, also nicht vorkragendes 1. OG bei Fachwerkhäusern, mit niedrigerer Geschoßhöhe.

Literatur

A Der Architekt.
AI Zeitschrift des Architekten- und Ingenieurvereins Hannover.
Bm Baumeister.
B+W Bauen + Wohnen.
bw baukunst und werkform 9.1958.
Bw Bauwelt.
D Detail.
db deutsche bauzeitung.
DBZ Deutsche Bauzeitschrift.
ZB Zeitschrift für das Baugewerbe.

1 Architektonische Rundschau 20.1904.
2 Atlas Braunschweig und Umgebung; Braunschweig 1976.
3 Baugewerks-Zeitung 24.1892.
4 Bauinformation. Stadt Braunschweig; Osterode 1968.
5 baukultur 3.1985.
6 BDA Bezirksgruppe Braunschweig (Hrsg.), Braunschweig. Architektur 19. und 20. Jh.; Braunschweig 1985.
7 Berliner Architekturwelt 12.1910.
8 Bickel, W., Riddagshausen. Untersuchungen zur Baugeschichte der Abteikirche; Braunschweig 1968.
9 Braunschweig, Stadt (Hrsg.), Führer zum stadthistorischen Rundgang; Braunschweig 1985.
10 Braunschweig, Stadt (Hrsg.), Die Geschichte der Stadt Braunschweig in Karten, Plänen und Ansichten; Braunschweig 1981.
11 braunschweiger forum (Hrsg.), Braunschweig im Wandel – ein Weg durch die Stadt; Braunschweig 1985.
12 Dehio, G., Handbuch der deutschen Kunstdenkmäler. Bremen, Niedersachsen; München 1977.
13 Diestelmann, J., Die Brüdernkirche in Braunschweig; Königstein im Taunus 1982.
14 Dorn, R., Bauten und Projekte Peter Joseph Krahes in Düsseldorf, Koblenz, Hannover und Braunschweig 1787–1806; Braunschweig 1971.
15 Ders., Die Villa Salve Hospes in Braunschweig; München 1969.
16 Ders., Mittelalterliche Kirchen in Braunschweig; Hameln 1978.
17 Dürre, H., Braunschweigs Entstehung und städtische Geschichte; Braunschweig 1857.
18 Ders., Geschichte der Stadt Braunschweig im Mittelalter; Braunschweig 1861.
19 Fricke, R., Das Bürgerhaus in Braunschweig; Tübingen 1975.

Literatur 239

20 Giesau, P., Die Benediktinerkirche St. Ägidien zu Braunschweig; Braunschweig 1976.
21 Gosebruch, M., Der Braunschweiger Dom und seine Bildwerke; Königstein im Taunus 1980.
22 Hammer-Schenk, H., und Lange, D., Alte Stadt – Moderne Zeiten; Braunschweig 1985.
23 Hoffmann, G., Reiseführer zur modernen Architektur; Stuttgart 1968.
24 Hundertmark, E., Stadtgeographie von Braunschweig; Oldenburg 1941.
25 Industriebau, Der 4.1913.
26 Jaeger, F., Bauen in Deutschland; Stuttgart 1985.
27 Kalanke, K. L., Notizen zur Wandlung von Wohnsiedlungsformen in Braunschweig; Braunschweig 1985.
28 Ders. und Kuchen, M., Braunschweig vom Wik zur Regionalstadt; Braunschweig 1982.
29 Kirchenvorstand St. Magni (Hrsg.), St. Magni 1031–1981. Bilder und Texte zur Geschichte; Braunschweig 1981.
30 Knauf, T., Die Architektur der Braunschweiger Stadtpfarrkirchen in der ersten Hälfte des 13. Jh.; Braunschweig 1974.
31 Kraemer, F. W., und Sieverts, E., Kraemer, Sieverts & Partner. Bauten und Projekte; Stuttgart 1983.
32 Liess, R., Braunschweig; München 1980.
32 a Ders., Die Braunschweiger Turmwerke; in: Amic amico; München 1968.
33 Ders., Das Vieweghaus am Braunschweiger Burgplatz. Ein Baudenkmal in Bedrängnis; Braunschweig 1979.
34 Lindemann, H., Ölper. Die Geschichte eines Braunschweiger Pfahldorfes; Braunschweig 1977.
35 Meier, P. J., und Steinacker, K., Die Bau- und Kunstdenkmäler der Stadt Braunschweig; Braunschweig 1926; Neuauflage Osnabrück 1978.
35 a Dies., Die Bau- und Kunstdenkmäler des Kreises Braunschweig; Wolfenbüttel 1900; Neuauflage Osnabrück 1978.
36 Mertens, J., Der Burgplatz am Ende des 16. Jh.; Braunschweig 1978.
37 Möller, H.-H. (Hrsg.), Siedlungen der zwanziger Jahre in Niedersachsen; Hannover 1985.
38 Ders. (Hrsg.), Das Viehweg-Haus in Braunschweig; Hannover 1985.
39 Osterhausen, F. v., Die Baugeschichte des Neustadtrathauses in Braunschweig; Braunschweig 1973.
40 Pevsner, N., Fleming, J., und Honour, H. (Hrsg.), Lexikon der Weltarchitektur; München 1971.
41 Rauterberg, C., Bauwesen und Bauten im Herzogtum Braunschweig zur Zeit Carl Wilhelm Ferdinands 1780–1806; Braunschweig 1971.
42 Reichsjugendführung der NSDAP (Hrsg.), Werkhefte für den Heimbau der Hitlerjugend; Leipzig 1937.
43 Römer, C., Die Dominikaner in Braunschweig. Vom mittelalterlichen Paulinerkloster zum St.-Albertus-Magnus-Kloster; Braunschweig 1980.
44 Ders., Die Kirche St. Petri zu Braunschweig; München 1982.
45 Römer-Johannsen, U. (Hrsg.), St. Ägidien zu Braunschweig 1115–1979; Hildesheim 1979.

46 Dies. und Römer, C., 800 Jahre St. Ägidien; Braunschweig 1979.
47 Rohmann, K., Braunschweig – so wie es war; Düsseldorf 1976.
48 Roloff, E. A., Tausendjähriges Braunschweig; Braunschweig 1939.
49 Rosemann, H. R. (Hrsg.), Reclams Kunstführer Deutschland. Band 5. Niedersachsen, Hansestädte, Schleswig-Holstein; Stuttgart 1971.
50 Schmitz, H., Berliner Baumeister vom Ausgang des 18. Jh.; Berlin 1925.
51 Schultze, J., Die Akademie für Jugendführung der Hitlerjugend in Braunschweig; Braunschweig 1978.
52 Spies, G. (Hrsg.), Braunschweig – das Bild der Stadt in 900 Jahren. Band 2 (Stadtbild); Braunschweig 1985.
53 Ders., Das Gildehaus in Braunschweig; Braunschweig 1983.
54 Städteforum. Stadt Braunschweig. 2. Folge; Osterode 1973.
55 Städteforum. Stadt Braunschweig. 3. Folge; Osterode 1979.
56 Technische Universität Braunschweig, Fachgebiet Architektur- und Stadtbaugeschichte (Hrsg.), Braunschweig. Kleiner Führer zur Architektur- und Stadtbaugeschichte; Braunschweig 1984.
57 Uhde, C., Öffentliche und Privatgebäude; Braunschweig 1886.
58 Waetzold, S. (Hrsg.), Bibliographie zur Architektur im 19. Jh., Band 1–8; Nendeln 1977.
59 Wagner, H., Handbuch der Architektur. 4. Teil. 6. Halbband. 4. Heft (Gebäude für Sammlungen und Ausstellungen); Stuttgart 1906.
60 Winter, L., Die Burg Dankwarderode zu Braunschweig; Braunschweig 1883.
61 Wiswe, M., Dom und Burgplatz in Braunschweig im Bild der Vergangenheit; Braunschweig 1979.
62 Zeitschrift für praktische Baukunst 8.1848.

Für Hinweise und Anregungen gilt unser Dank
○ der Stadt Braunschweig: den Herren Gebauhr, Meier, Meißner, Blume, Höpfner und Bonneik;
○ der Braunschweigischen Landes-Brandversicherungsanstalt: den Herren Plate und Kähnert;
○ dem Stadtkirchenbauamt, Herrn Koch;
○ dem Staatshochbauamt I, Herrn Blenkle;
○ den Architekten Schneidewind und Uhde;
○ dem Niedersächsischen Staatsarchiv in Wolfenbüttel, Herrn Arnold.

Für ihre geduldige Mithilfe danken wir den Mitarbeitern der Universitäts-Bibliothek und der Stadtbibliothek sowie nicht zuletzt Frau Mey und Frau Knäusel.

Quellen

Umschlag: U. Mey nach Nr. 72.1 und 125
Lit. 28: S. 9 und 14
Georg Westermann Verlag, BS: S. 10, 11, 15 und 16
Lit. 10: S. 12 und 13
S. 17 l, 18 l, 19 r, 20 und 21: Kartengrundlage: Topographische Karte 1 : 25 000, 3728 (1983), 3729 (1983). Vervielfältigt mit Erlaubnis des Herausgebers: Niedersächsisches Landesverwaltungsamt – Landesvermessung – B 5 – 262/86.
S. 17 r, 18 r und 19 l: auf 1 : 8000 verkleinerte Ausschnitte der DGK 5 3629/25, 3728/18 und 3729/20 Katasteramt BS, K-97/86 vom 28. 4. 86
Alle Fotos: Ulrich H. Mey, BS 1985/86
Architekturzeichnungen
A: Nr. 179
AI: Nr. 109
Bm: Nr. 74/75, 91, 109, 123/124, 160, 165
B+W: Nr. 167, 168, 200, 232
Bw: Nr. 121, 136, 138, 139, 189, 209, 216
db: Nr. 61, 134, 143, 166, 197, 222
DBZ: Nr. 141, 147, 161, 182, 186/187, 190, 191, 198
Lit. 4: Nr. 162
Lit. 5: Nr. 193
Lit. 7: Nr. 160
Lit. 12: Nr. 150
Lit. 14: Nr. 87, 92, 93
Lit. 16: Nr. 22/23, 24, 25, 26/27, 29, 30/31, 32/33, 34/35, 36, 37, 149, 226/227, 231
Lit. 19: 39, 40, 41, 42, 44, 47, 58, 59, 73
Lit. 31: Nr. 168, 176, 180/181, 184, 185, 192
Lit. 38: Nr. 80
Lit. 39: Nr. 77
Lit. 42: Nr. 194
Lit. 52: Nr. 62, 76, 213
Lit. 53: Nr. 57
Lit. 54: Nr. 38, 105, 207, 215, 220
Lit. 55: Nr. 28, 127, 134, 178, 205, 217, 225
Lit. 57: Nr. 85, 90, 157
Lit. 59: Nr. 120
Lit. 60: Nr. 106/107
Lit. 62: Nr. 91
C. Braun / F. Schönemann: Nr. 88
Institut für Baugeschichte BS: Nr. 45, 48, 56, 64, 83, 84, 86, 114, 115
U. Mey: Nr. 113, 164
H. und I. Rüdiger: Nr. 126
R. Schacht: Nr. 43
Staatshochbauamt I BS: Nr. 78
Stadtarchiv BS: Nr. 95
Stadtkirchenbauamt BS: Nr. 54
Stadtverwaltung BS: Nr. 82, 151

Repros: Robert Prange Druckform, BS

Register
Gebäude, Straßen und ARCHITEKTEN

Ackerhof 45, 51.1, 131.6
Ackerstr. 203.2
Adolf-Bingel-Str. 209
Adolfstr. 154.4–9, 155.1
Ägidienmarkt 34/35, 71.4, 71.5, 104.4, 133.1
Ägidienstr. 71.6, 71.7, 133.2
AHLBURG, H. 78
Albertus Magnus 161
Alsterplatz 207
Alte Knochenhauerstr. 42
Alter Bahnhof 124/125
Alter Rautheimer Weg 229.4
Altewiekring 159.2
Altpetritor 17
Altstadtmarkt 52/53, 62, 74/75, 68.2
Altstadtrathaus 52/53
Altstadtring 169.7
Am Brühl 221.2
Am Bülten 170.4
Am Fallersleber Tore 137
Am Hohen Tore 100.4
Am Kreuzteich 228.2, 228.3
Am Magnitor 48, 70.2–6, 103.1–3
AMME 169.5
Am Schwarzen Berge 215
Am Soolanger 252
Am für Agrarstruktur 117
Am Theater 78
Amtsanwaltschaft 119
Amtsgericht 101, 117
Am Wendentor 68.7, 119
Am Wendenwehr 170.2
An der Andreaskirche 30/31, 54
An der Martinikirche 26/27, 68.1, 76, 112
An der Petrikirche 29
Anker 144.1
AOK 137
Arbeitsamt 174.2
Atrium-Hotel 166
Auditorium Maximum 184
Auguststr. 104.5, 133.9
Augusttorwall 91

Badezentrum Gliesmarode 225
Bank für Gemeinwirtschaft 138
Bankplatz 98.6, 98.7, 111
BARTELS, H. C. 169.2, 202.1
BARTELS, W. 153.6
BARTH 129.4
Bartholomäuskirche 25

Bartholomäustwete 68.6
BAUER 154.1
BAUMANN, V. 128
BAUMKAUFF, P. 97.8, 99.6, 103.7, 153.3, 153.7, 154.4, 154.6, 169.2
Bebelhof 18
Beethovenstr. 196.1, 196.2
BEIER, H. 223.4, 224.5, 224.6
BENECKEN 71.7
Benediktiner 34/35
BENSCH, L. 233.5
Berliner Platz 166, 203.1
Berliner Str. 224.7, 224.8
BERNDT, F. 216, 222
Bernhard-Rust-Universität, ehem. 188
Bezirksregierung 116.4, 204.4
Bibliothek der TU 186/187
BIERSACK, H. 100.1
Biozentrum 195.1
Birkenkamp 221.1
Bischofsburgweg 233.5
Blumenstr. 159.2, 174.1
Böcklerstr. 155.2, 155.3, 202.6
BOEKHOFF, W. 171.1
BOFINGER, H. 145.3, 147, 230.1
Bohlweg 72–74, 116.4, 131.5, 139, 140/141, 145.3, 147
BÖHM, G. 136
BOHNSACK, G. 108
Bolkenhainstr. 233.2
BÖTTCHER, R. 128, 195.5, 196.4, 221.2, 223.3
BÖTTGER, U. 46, 143.4, 205
Brabandtstr. 144.2
BRANDI, J. 230.4
BRAUN, C. 88
Braunlager Str. 172
Braunschweig-Kolleg 194
Breite Str. 68.4, 146.1
Breitscheidstr. 208.7
Broitzemer Str. 164, 169.2, 169.3, 176
Brücke, Die 102.8
Bruckner Str. 161
BRUMME, H.-M. 77
Brunsviga, ehem. 202.5
Bugenhagenstr. 164
Bültenweg 158.2
Bundesallee 208.3
Burg 106/107
Burgpassage 134

Burgplatz 22/23, 56–58, 80, 106/107
Büssing, ehem. 200, 202.6

CASTORF, W.-G. 206
Celler-Heerstr. 212.3, 212.4, 212.7, 213
Celler Str. 84
Christuskirche 215.1
C & A 145.4
Cyriaksring 174.2

Dahlienweg 223.3
Damm 40, 97.9, 142, 143.4
Dankeskirche 216
Dankwarderode 106/107
Dankwardstr. 116.5
David-Mansfeld-Weg 209
Deutsches Haus, Hotel 96.1
Deutsches Heim 20
Diakonisches Werk 103.6
Dom 22/23
Dominikaner 161
Dompredigerhaus, ehem. 96.3
Donnerburgweg 214.1
Dorfstr. 212.2, 212.5, 212.8, 212.9
DORN, R. 163
Dresdenstr. 230.5
Dresdner Bank 135
DÜRKOPP, E. 203.1

EBELING, E. 101.7
Ebertallee 228.5
Echternstr. 37, 67.4–10, 99.2, 99.3, 129.6
EGGELING, G. 155.1
EICH, H. 138
Eichenhahnweg 222
Eiermarkt 28, 50.7
Ekbertstr. 173
Elbestr. 204.5
Emmauskirche 205
Emsstr. 204.5
Ernst-Amme-Str. 159.3

Fakultätsgebäude der TU 183, 195.4
Fallersleberstr. 145.1
Fallersleber-Tor-Wall 101.4
FANGMEIER, K. 38, 65.9, 66.1, 66.2, 71.4
Ferdinandstr. 99.4–7
FISCHER, D. 116.5, 143.6, 169.1, 175, 195.5

Register 243

Flebbe 140/141
FLECK, H. 160
FLEISCHER, K. C. W. 95, 150/151
FLESCHE, H. 17, 148
Flughafen 221.3
Flughafengebäude, ehem. 204.4
Fontanestr. 171.3
Forststr. 223.4
FRANCKE, P. 226/227
Franke & Heidecke 201, 203.3–5
Frankfurter Str. 159.1, 169.1
Franziskaner 24
Franz-Liszt-Str. 195.3
Freizeit- und Bildungszentrum 123
FRICKE, M. J. C. 116.4, 211
Friedrich-Wilhelm-Platz 82, 124/125, 143.6
Friedrich-Wilhelm-Str. 98.4, 110, 129.5, 144.1
Friesenstr. 55
FRÖHLICH, J. 97.8, 99.6, 103.7, 153.3, 153.7, 154.4, 154.7

GAERTNER, M. 133.2
GALDA, D. 188, 195.5, 196.4, 208.3, 221.2, 223.3
Garküche 116.2
Garnisonsschule, ehem. 119
GÄRTNER, E. A. 145.4
Gästehaus der TU 85
Gaußstr. 153.3, 153.4
Geiteldestr. 204.1
Georg-Eckert-Institut 84
Georg-Eckert-Str. 131.6, 147
GERDESMANN, K. 218.1
GERIKE, H.-J. 130.2, 133.5, 212.3
GERKAN, M. v. 195.2, 199
Gewandhaus 74/75
Giersbergstr. 159.5
GIESLER, R. 133.5, 170.3
Gifhorner Str. 218.2, 218.4, 220
Gildehaus 57
GILL, J. 99.8, 155.2
GILLY, F. 80
Gliesmaroder Str. 170.6
Gliesmaroder Turm 224.7
Gördelinger Str. 68.3, 68.6, 144.4
Goslarsche Str. 160
GÖTTER, W. 98.7
GRABE, F. 174.2
GREMMELS 154.8
GRIMM, L. 101.1
GROBE, P. 144.3
GROOTHOFF, S. 139
Große Str. 208.1, 208.2
GROSSMANN, G. 219
Grotrian-Steinweg-Str. 217
Grundbuchamt 101.2
GRUSON, B. 174.6
GUCKEL, H. J. 138

Güldenstr. 63, 66.6, 127

Haeckelsches Gartenhaus 87
HAESLER, O. 173
HAFKEMEYER, A. 38, 65.9, 66.1, 66.2, 71.4, 223.5
Hagenbrücke 44
Hagenmarkt 32/33, 138
Hagenring 153.6, 189, 202.3
HAHN, H. 135
Hamburger Str. 197
Handelsweg 116.3
Handwerkskammer 56
Hanse, Haus zur 63
Hänselmannstr. 171.3
Hans-Sommer-Str. 165, 170.5, 195.4, 195.5
Hans-Würz-Schule 196.4
HARDEN, H. 132.2
HARTMANN 153.5
Hasenwinkel 202.2
Hauptbahnhof 203.1
Hauptfriedhof 163
HAUSMANN, U. 171.6
Heidberg 20
Heinrich-Büssing-Ring 200
Heinrichstr. 158.3, 171.1
HEITMANN, H. 41
Helmstedter Str. 115, 152.3–5, 163, 171.6
HENN, W. 174.3, 177, 190, 191, 195.3, 198, 202.5, 203.2, 203.5, 217, 228.5
HENSCHKER, R. 129.1, 196.1, 196.2, 202.2, 220
HENZE, C. 174.2
Herberge zur Heimat 153.1
HERRENBERGER, J. 61, 84, 85, 127, 148, 170.5, 233.1
Herrendorftwete 103.4
Herrmannstr. 202.1
Hertie 143.3
HERZIG, E. 188, 228.5
Herzog-Anton-Ulrich-Museum 120
Herzogin-Elisabeth-Str. 152.2
Hinter Ägidien 51.4, 72.1, 133.3
Hinter der Magnikirche 51.2, 51.3, 70.1, 103.5, 103.6, 132.2, 132.3
Hinter Liebfrauen 95
Hintern Brüdern 23, 128, 148
HINZE, H. J. 144.2, 170.4, 230.3
Hochbauamt 104.4, 204.5, 214.4, 221.3
Hochschule für Bildende Künste 176
Hochstr. 159.5
Hofapotheke 97.1
Hohetorwall 100.5–8, 130.1
HORN, E. W. 76, 77
Hörsaalgebäude der TU 182

Horten 145.3
Hübenerweg 210
Humboldtstr. 114, 153.5
Hundertmark 131.6
Huneborstelsches Haus 57
Hutfiltern 65.7, 65.8, 98.8, 129.4
Huttenstr. 170.1
HUSEMANN, D. 189, 195.1

IHK 74/75, 116.2
Im Gettelhagen 223.2
Im Syndikum 223.1
Inselwall 85, 130.3, 146.3
Institute der TU 179, 180/181, 189, 190, 196.1, 191, 192, 195.2, 195.3
Institut für Angewandte Mikroelektronik 193

JAHNS, R. 131.4
Jakobstr. 50.6, 61
Jasperallee 152.1, 153.7, 154.1, 156, 171.2
JENSEN, U. 146.1, 178, 207, 218, 228.4
JOB, H. 129.6, 214.4
Jöddenstr. 129.1
JOHANNES, H. 170.6
Julius-Conegen-Str. 169.5
Justizgebäude 109

KAISER, J. 128, 195.5, 196.4, 208.3, 221.2, 223.3
Kammergebäude 76
Kant-Hochschule 188
Kanzlerfeld 21, 208.3, 209
Karstadt 136
Kastanienallee 196.3, 202.4, 202.5
Katharinenstr. 174.3, 177
Kattreppeln 97.8
Kemenate 44, 50.6, 50.7
KERLÉ, J. 129.3, 132.1, 143.5
KERSTEN, V. 131.5, 196.3, 223.2, 225
KETTERER 131.6
Kfz-Zulassungsstelle 219
Kirchplatz 231
Kleine Burg 38, 39, 50.1
Kleine Leonhardstr. 171.4
Klostergang 228.4
KNOBLAUCH 153.2
Kohlmarkt 59, 65.9, 98.1–3, 144.3
KOLLE, G. 213
KÖLLING, J. 171.5, 214.2
KÖNIGSDORF, H. 153.4
Konstantin-Uhde-Str. 188, 195.1, 195.2
Konzerthaus 155.3
KORB, H. 25, 55
KÖRNER 101.5, 157

Köterei 223.5-7
Kraaz, J. 160
Kraemer, F. W. 74/75, 131.3, 135, 139/140, 144.2, 144.4, 144.6, 166, 167, 168, 170.5, 176, 180/181, 184, 185, 186/187, 192, 197, 200, 201, 203.3, 203.4, 232, 233.6
Krahe, F. M. 93, 94
Krahe, P. J. 6, 82, 87, 92/93, 113–115
Krankenhaus, ehem. Herzogl. 101.2
Kratzsch 96.1, 143.1, 143.2, 144.1, 159.1
Krematorium 152.4
Kreuter, D.-E. 215, 222
Kreuzkirche 208.2
Krieg, G. 233.1
Kriegskasse, ehem. Herzogl. 73
Küchenstr. 129.1, 144.5, 144.6
Kuhne, C. 102.6
Kuhstr. 88, 117
Kupfertwete 130.5
Kurt-Schumacher-Str. 167, 171.1, 174.5, 174.6

Laage, G. 169.4
Lachmann, P.-G. 174.1, 206, 230.2
Landesmuseum 34/35, 80
Lampe, H. 74/75
Langedammstr. 68.8, 131.6
Langer Kamp 170.5, 190, 191
Lange Str. 128
Langwagen, C. G. 98.2, 98.3, 98.6, 150/151
Laskowski, H. 103.7, 174.4, 202.3
Lauestr. 208.6
Lehmbruck, M. 196.1, 196.2
Lehndorf 18
Leichtweissinstitut 196.2
Leipziger Str. 233.3
Leisewitzhaus 71.4
Leonhardplatz 149, 162
Leonhardstr. 152.6, 158.4, 171.5
Leopoldstr. 72.4, 145.5
Lepper, J. 60, 142, 164
Lessingplatz 72.3, 92–94, 104.6, 119
Liberei 54
Lilienthalplatz 221.3
Lilly, F. 100.2, 100.9, 109
Lincolnsiedlung 19
Linde, J. 130.1, 223.3
Lindemann, G. 219
Lindenbergallee 202.6
Lippelt, G. 170.7
Lipps, J. P. 159.6
Löbbecke & Co. 112

Lohmeyer, H. J. 161
Löwe, M. 129.2
Löwenwall 89, 103.7, 104.7
Lübke, G. 116.2, 152.5
Luckhardt, K. 130.6
Lüddecke, A. 99.2
Ludwig, C. 208.7
Lux, H. 208.5, 212.1

Maerker, U. 203.6
Magnikirchstr. 69.7, 69.8
Magnitorwall 102.1–3
Maibaumstr. 169.4
Mandelnstr. 71.2, 71.3
Marcard & Co. 82
Marg, V. 195.2, 199
Marketing Management Institut 228.4
Martinoff, E. 131.5, 196.3, 223.2, 225
Martino-Katharineum 146.1
Maurer, H. 171.2
May, E. 20
Meinhardshof 128, 129.1
Melverode 20
Mendelssohnstr. 192
Mensa der TU 177
Methfesselhaus 70.3
Michaelishof 127
Miehe, J. 84, 127
Militärbaumt 153.5
Mönchstr. 34/35
Moorhüttenpark 224.6
Moorhüttenweg 224.6
Morgenstern, W. 129.5, 170.2
Mühlenpfordt, K. 137, 179
Mühlenpfordtstr. 178/179
Muldeweg 205
Müller, A. 208.5, 212.1
Müllerschule 194
Münchenstr. 153.1, 204.4
Munte, E. 103.5, 129.3, 132.1, 143.5
Munte, K. 203.4
Münzstr. 108/109, 145.4
Museum für mechanische Musikinstrumente 66.2
Museumstr. 102.4, 102.5

Naske, H. F. 130.5
Naturhistorisches Museum 188
Neckermann Bauabteilung 136
Neue Heimat Städtebau 195.4
Neues Rathaus 105, 139
Neue Str. 50.4, 50.5, 65.4, 96.6, 135
Neustadtrathaus 77
Nibelungen Wohnbaugesellschaft 17
Nord/LB 116.5, 124/125, 143.6

Nörse 98.1
Nimesstr. 127

Obergstr. 174.4
Oberlandesgericht 111
Oberpostdirektion Braunschweig 110, 204.3, 230.5
Oesterlen, D. 182/183, 205
Okeraue 212.1
Okerstr. 130.4
Ölper Turm 213
Ölschlägern 36, 46, 69.1–6, 103.8, 104.1
Olympia-Werke 220
Orlich, K. 46, 143.4, 205
Orth 153.2
Osterloh, M. 97.3, 116.1, 121, 159.5
Ostermeyer, F. R. 18
Oststr. 254.2
Ottmer, C. T. 83, 84, 101.3, 102.5, 102.6, 124/125, 212.2

Papenstieg 96.2, 143.1, 143.2
Paracelsusstr. 208.5
Parkhaus 199
Peltier, M. 233.4
Pelz, L. 132.3
Peter-Joseph-Krahe-Preis 46, 77, 85, 112, 124/125, 130.4, 133.5, 135, 162/163, 169.1, 169.4, 171.7, 177, 182, 212.9, 214.3, 220, 222, 228.4, 230.5
Petersen, H.-T. 217
Petritorwall 100.9, 101.1, 130.2
Pfälzer Str. 218.1
Pfeifer 208.2
Pfeiffer & Schmidt, ehem. 135
Pfennig, G. 144.5, 144.6, 166/167, 186/187, 233.6
Pianofortefabrik 217
Plasa, D. 208.5, 212.1
Pockelstr. 157, 182–187
Polizeidirektion 108
Polizeiverwaltung 153.5
Pook, O. 223.4
Porschestr. 219
Poststr. 126, 136
Pramann, A. 214.1
Pramann, R. 218.1, 228.1, 228.3
Priesemann, H. H. 130.4
Prinzenweg 67.1–3
Putlitz, E. zu 194
Pysal, H. J. 146.1, 146.2, 165, 178, 207, 218.4, 223.1, 228.4

Quiram, D. 51/52, 80, 208.5, 209

Rambow, F. 169.3, 171.3
Raschdorf, J. 110

Register

RASCHE, O. 57, 96.1, 143.1, 143.2, 144.1, 155.3
Ratsbleiche 170.1
Rebenring 170.3
Rechenzentrum der TU 195.5
REICHOW, B. 18
REICHOW, H. 176
Reichsarbeitsdienstbekleidungsamt 176
Reichsheimstättenamt 19
Reichsjägerhof, ehem. 228.5
Reichsstr. 50.8, 64, 68.5
Rektoratsgebäude 185
Richard-Wagner-Str. 193
RICHI, F. 38, 65.9, 66.1, 66.2, 71.4
Richmond 150/151
Riddagshausen 226/227
Rieselgut, ehem. 211
Ritter St. Georg 43
Ritterstr. 49, 70.7–9, 71.1, 104.2, 104.3, 132.4, 132.5
RÖCKE, H. 80, 121
Rohrkamp 229.5
ROLLENHAGEN, E. 165, 219
Romintenstr. 233.5
ROPPEL, H.-P. 132.5
ROSBACH, E. O. 130.4
Rose, Haus zur 59
Rostockstr. 230.1
ROTHERMUNDT, H. L. 81, 96.2, 118, 254.1
Rotunde 116.3
RÜDIGER, H. und I. 126
Ruhfäutchenplatz 96.1
Russische Botschaft 61

SAALMANN, U. 223.4
Sack 65.3, 116.1, 129.2, 129.3, 143.3
Salve Hospes 92/93
Salzdahlumer Str. 201, 203.3–5
Salzdahlumer Weg 230.5, 233.5
SANDLEBEN, C. 46, 143.4, 205
SANDOW, W. 133.4
St. Ägidien 34/35
St. Ägidien (Rautheim) *228.6*
St. Andreas 30/31, 54
St. Blasius 22/23
St. Georg 214.1
St. Jakobi 160
St. Jakob-Kapelle 28
St. Johannis 152.6
St. Katharinen 32/33
St. Leonhard-Kapelle 149
St. Lukas 222
St. Magni 36, 70.1
St. Marien 223.5
St. Martini 26/27
St. Matthäus 152.2
St. Michaelis 37

St. Nikolai 55
St. Nikolaus 231
St. Pauli 152.1
St. Petri 29
St. Petri (Ölper) *212.2*
St. Ulrici 24
SCHADT, R. 43, 130.2, 134
SCHAEFER, M. 116.5, 143.6, 169.1, 175, 195.5
Schefflerstr. 196.4
SCHERER, H. 116.5, 143.6, 169.1, 175, 195.5
Schild 129.1
Schillkapelle 152.7
Schillstr. 152.7, 199
Schleinitzstr. 153.2, 180/181
SCHLENZIG 153.5
Schloßparkpavillion 147
Schloßstr. 132.1
Schmalbachstr. 218.3
SCHMIDTKE, E. 129.1
SCHMIED, H. 208.4, 208.5, 212.1, 221.1, 229.3
SCHNEEMANN 128
SCHNEIDEWIND, F. 103.7, 174.4, 202.3
SCHNIEPP, G. 128, 145.6
SCHÖNEMANN, F. 88, 154.6
Schuhstr. 65.5, 65.6, 97.1–7
Schulgasse 229.1, 229.2
SCHULITZ, H. 193
Schunterstr. 170.7
SCHÜTTE, H. 133.4
Schützenstr. 24, 25
Schriftsassenhof, ehem. 233.4
Schwarzer Berg 20
SCHWEITZER, J. 19, 169.4
SEELING, H. 78/79
SEIBOLD, H. H. 233.5
SIEDENTOP, R. 170.1
Siegfriedstr. 214.2
Siegfriedviertel 17
SIEVERTS, E. 144.2, 144.5, 144.6, 166, 167, 176, 186/187, 192, 197, 233.6
SIMON, F. L. 111
SOLL, H. 143.3
SOLLWEDEL, G. 101.7
SOMMER, O. 120
Sophienstr. 158.1, 164
Sozialamt 68.1
Sozialamt, ehem. 66.4
Sozialgericht 90
Spielmannstr. 195.1
Spohrplatz 72.2
Staatshochbauamt 78/79
Staatshochbauverwaltung 145.2
Staatstheater 78
Stadtbibliothek 122
Stadthalle 162

Städt. Musikschule 91, 101.6
Städt. Hochbauamt 146.3
Städt. Museum 103.8, 121
Stadtkirchenamt 28, 24, 163
Stadtparkrestaurant 156
Stadtplanungsamt 21
STAHRENBERG, P. 146.1, 146.2, 178, 207, 218.4, 228.4
STAUMEISTER, M. 213
Stechinellihaus 62
Steinbrink 204.3
Steinhof 211
Steinstr. 66.5, 79
Steintorwall 102.6–10, 121, 122
Steinweg 131.3, 131.4
Stettinstr. 230.4
Stiftsherrenhäuser 38
Stobwasserhaus 67.10
Striegaustr. 233.1
STRIZIC, Z. 208.3
Strombecksches Haus 68.6
STRUHK, H. 131.5, 196.3, 223.2, 225, 229.4
Studentenwerk 174.3
Studentenwohnheim 61, 127, 170.3, 170.5
STUMPF, H. 162
STURM, C. 77
Südstadt 19, 20
SUHLING-KOSCHEL, R. 208.3

TAEGER, W. 25
TAFELMARKER, B. 30/31
TAPPE 7
Taubenstr. 198
TESCHNER, H. 210
Theaterwall 87, 101.5–7
THIELE 133.3, 204.2, 233.3
THORMANN, W. 145.1
THULESIUS, D. 25
TÖNNIES, H. J. 131.1, 132.4, 133.1, 171.4, 171.7, 172, 229.5
Torhäuser 113–115
Tostmannplatz 216
Traunstr. 206
TU, Hauptgebäude 157
Tunica-Sporthalle 202.2
Turnierstr. 66.4

UFFMANN, W. 102.7
UHDE, C. 79, 85, 90, 98.3, 102.1, 104.7, 112, 157
UHDE, H. 71.2, 139

VAJEHN, H. 174.2
VALENTIN, H. 204.3
Veltheimsches Haus 56
Verlags- und Druckereigebäude 197
Vieweghaus 80
Villa v. Amsberg 82

Villa Bülow 84
Villa Gerloff 103.8
Villa Löbbecke 85
Villa Rimpau 90
Voigtländer, P. 162
Volks-Brausebad 99.6
Vor der Burg 50.2, 50.3, 65.1, 65.2, 81, 96.3–5, 98.5, 143.4

Wagner, E. 123
Waisenhaus, Altes 95
Wasserturm 159.5
Wasserwirtschaftsamt 73
Weberstr. 146.2
Welfenhof 129.1
Wellmann 129.4
Wendenring 170.1
Wendenstr. 131.1, 131.2
Wendentorwall 101.3
Wendenturm 218.2
Wendt, U. 129.1
Westermann, H. 116.5, 124/125, 130.3, 130.4, 143.6, 159.6, 169.1, 174.4, 174.5, 175, 195.5, 214.4
Wichernhaus 209
Wickenheiser, U.-P. 204.3
Wiehe, E. 22/23, 97.4, 99.7, 104.6, 116.5
Wiechmann, C. 189, 195.1
Wiemer, O. 204.3
Wilhelm-Bracke-Gesamtschule 207
Wilhelm-Bracke-Hof 169.2
Wilhelm-Gymnasium 158.4
Wilhelmitorwall 83, 99.8, 100.1–3
Wilhelmstr. 101.2, 130.6, 145.2
Wilkens, F. 98.4
Windaustr. 208.4
Windmühle, ehem. 218.1
Winter, L. 7, 57, 105–107, 152.1, 152.3, 152.6, 159.5
Winterstein, E. 214.3
Wiswedel, A. (Bauherr) 28, 77, 169.4, 213
Wittenbergstr. 230.2
Wolf, C. 78/79
Wolfenbütteler Str. 90, 150/151, 169, 194, 232

Ziegenmarkt 60, 66.1–3, 99,1
Zinkeisen, R. 99.4, 99.5
Zisterzienser 226/227
Zochmann 145.5
Zu den 7 Türmen 68.2
Zum Ackerberg 228.6
Zwischen den Bächen 228.1

Braunschweig und Umgebung

- Sch.-Walle
- Harxbüttel
- Thune
- Meine-Bechtsbüttel
- Waggum
- Wenden
- Umgemeindung Braunschweig-Wenden
- Hafen 217
- Flughafen 1936
- Bienrode
- Veltenhof
- Lincolnsiedlung 19
- Eichendorffs
- Rühme 210
- Kralenriede
- Querumer Forst
- Völkenrode
- Watenbüttel
- Schwarzer Berg 20
- 216
- Querum 222
- Forschungsanstalt für Landwirtschaft (FAL)
- Physikalisch-Technische Bundesanstalt (PTB)
- Siegfriedviertel 17
- 215
- Kanzlerfeld 21
- 209
- Ölper
- 210
- 197
- 198 199
- 225
- Techn. Universität
- Lehndorf 18
- 160
- St. Andreas
- Prinz-Albrecht-Park 87
- Altpetritor 17
- Dom Rathaus
- St. Ägidien
- 178
- 164
- 199
- Weststadt 21
- 207
- Hauptbahnhof
- 205 206
- 200
- Timmerlah
- Bebelhof 18
- 194 201
- Richmond
- 168
- Gartenstadt
- 237
- Broitzem
- 231
- Südstadt 19, 20
- Stiddien
- Rüningen
- Melverode
- Heidberg 20
- Geitelder Berg 111
- Leiferde
- Stöckheim

*Doppel- und einspaltige Beschreibungen mit,
 Kurzbeschreibungen ohne Ziffern*

248 Orientierungskarte

Kurzbeschreibungen

Orientierungskarte 249

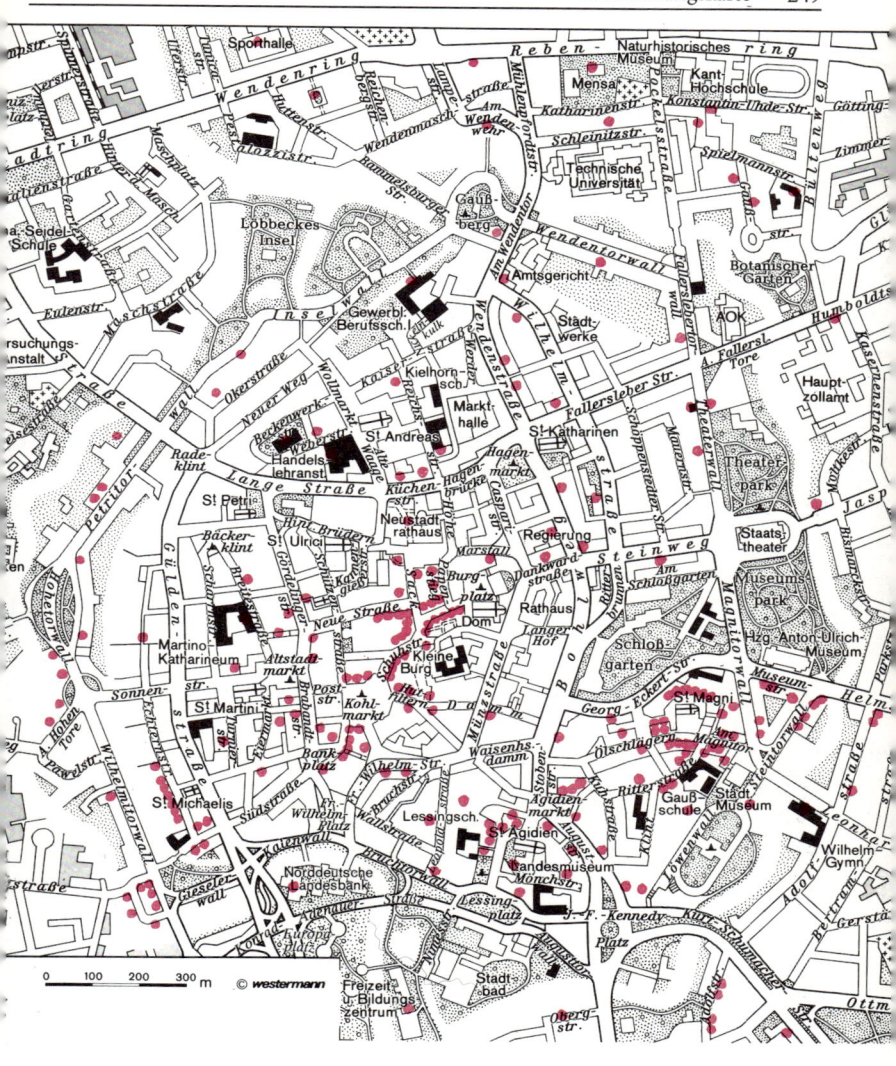

Anzeige

**Ⓩ Verlags-GmbH
Höller und Zwick
D-3300 Braunschweig,
Homburgstraße 11
Telefon 05 31 / 50 27 54**

Taschenatlas Wahlen 1986 — Bundesrepublik Deutschland
Ⓩ Höller und Zwick

Neubearbeitung 1986

In Vorbereitung 1986

Neuerscheinung 1985

Wahlatlas Europa
Ⓩ Höller und Zwick

Wahlatlas Hessen
A. Behr / G. Breit / H. Lilge / J. Schissler
Ⓩ Höller und Zwick